東京のかわいい看板建築さんぽ

宮下潤也

X-Knowledge

はじめに

本書は東京都内に現存する「看板建築」を、写真と解説でたどる一冊です。はじめに、このあまり聞きなれない看板建築について簡単に説明しましょう。

看板建築とは、大正12年（１９２３）に起きた関東大震災の後に建てられた、正面（ファサード）を平坦に立ち上げ、銅板やモルタル、タイルといった不燃材料で覆った木造町屋のこと。それもただ覆うだけではなく、西洋建築風に凝ったレリーフを設けたり、日本の伝統文様を用いたりと、当時の職人や建主らが自らデザインし、つくりあげた建築がほとんどです。ごちゃまぜの様式や独特のモチーフ、アンバランスな構成などがファサードの表情を和らげ、正統の建築や最新の建物にはない「楽しさ」や「かわいらしさ」があります。

実は、看板建築の多くが関東、特に東京の下町に集中して残されています。主に商人や職人の店舗兼住まいとして関東大震災の後に爆発的に増えた東京の看板建築は、太平洋戦争時の空襲や、バブル期の地上げにも屈せず、今日まで生き長らえてきました。

本書では、２０１９年時点で店舗として使われているものを厳選し、歩いて回れるエリアごとに紹介することにしました。外観を眺めるのみならず、掲載した店の多くは建築時から90年ほど経った現在でも足を踏み入れることができます。本書をバッグに忍ばせて、都内の看板建築探しに出かけてみましょう。きっと、今まで見逃していた風景に出会うはずです。

楽しみ方 1

正面と側面のギャップを愛でる

当時の法令により、市街地の木造建築の正面は不燃材料で覆わなければなりませんでした。そのため銅板、モルタル、タイルといった材料で覆い、細部にまで手の込んだ正面（ファサード）と、木板やトタンを張ったまま、見た目が悪くとも機能＆コスト重視の側面が同時に見られるのが、看板建築の特徴です。

正面（ファサード）

細部にこだわった擬洋風

側面

木造の建物であることがよくわかる

ファサードの素材

銅板

日本の伝統文様を取り入れるなど凝った装飾が見どころ。戦後には屋根以外でほとんど用いられなくなった。

タイル

明治以降に輸入され、現在でも使われている。戦前は縦縞の入った「スクラッチタイル」が流行。

モルタル

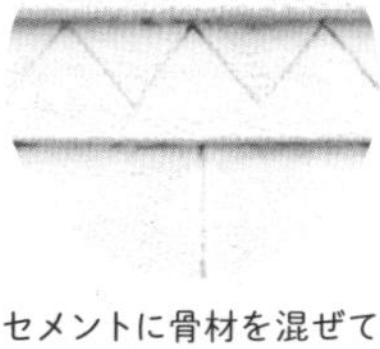

セメントに骨材を混ぜてつくる安価な不燃材料。レリーフや柱風の装飾に左官職人の技術が光る。

楽しみ方 2

屋根周りの形・装飾を愛でる

パラペット

屋根面から突き出した部分を「パラペット」と呼びます。瓦屋根を隠し、洋風に見せることができる部分とあって、山型や半円形などさまざまな形が生まれました。装飾も多様。

円弧と直線の幾何学模様

控えめな「山」の文字

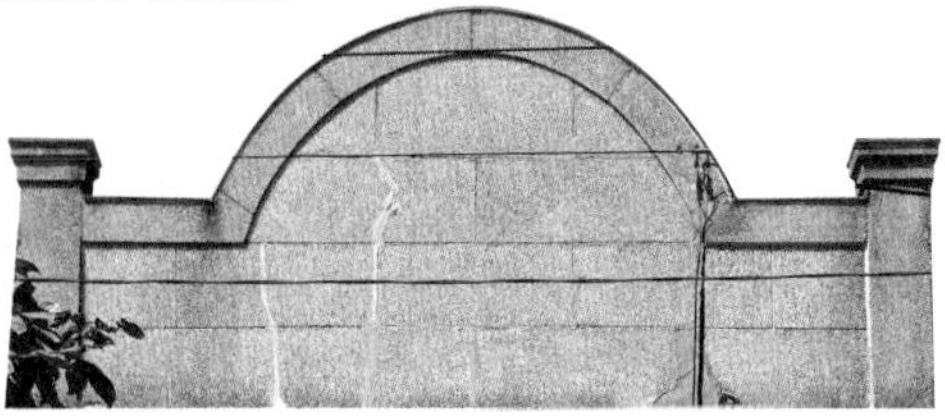
大きな半円が目印

コーニス

パラペットの最上部、段になっている「コーニス」は「軒《のき》蛇《じゃ》腹《ばら》」とも呼ばれ、洋風に見せるほか、雨垂れによる外壁汚れを防ぐという実用的な面も。ここに装飾を施すと西洋建築風に見えます。

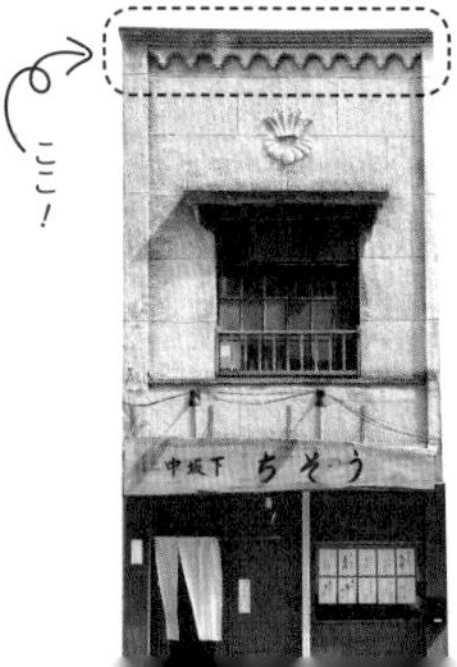

アーチが連続する「ロンバルディア帯」

等間隔に並んだ歯型の飾り

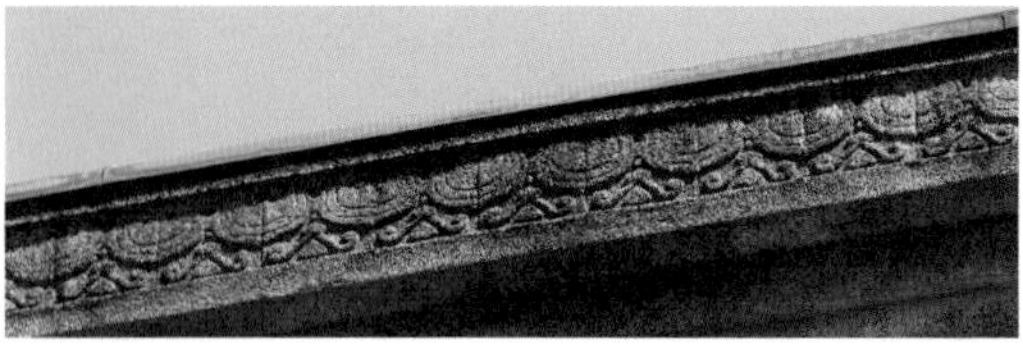
由来不詳の謎めいたモチーフ

楽しみ方 3

戸袋の文様を愛でる

銅板張りの建物を見つけたら、まず戸袋（雨戸をしまうために窓の左右に設けられた箱）をチェック。青海波や七宝、亀甲といった日本の伝統文様が銅板細工で描かれています。

楽しみ方 4

古典主義風の柱を愛でる

イオニア式やコリント式といった古典主義を模した柱から、どの様式にも属さない独自のものまで、多くが見よう見まねでつくられました。少し崩れたプロポーションも愛らしい。

楽しみ方 5

個性的なレリーフを愛でる

西洋建築でおなじみの由緒あるレリーフも、店の商品や店の名にちなんだ動植物も、一緒くたに描かれました。見る人によって解釈の分かれる不思議なモチーフも楽しみのひとつ。

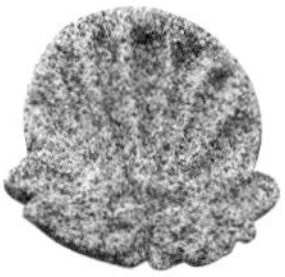

もくじ

神田・神保町エリア

日本橋エリア

銀座・築地エリア

品川・芝・高輪エリア

台東・墨田エリア

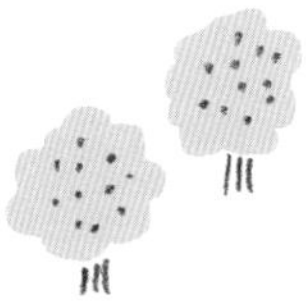

掲載内容は2020年2月現在のものです。

スタッフ
デザイン 芝 晶子（文京図案室）
写真 岩崎美里
イラスト 落合 恵
印刷 シナノ書籍印刷

番外編

知っておくと楽しさ倍増！

看板建築鑑賞用語

銅板張り

塗装いらずで丈夫な優れた不燃材料として、看板建築の外壁にも多く使われた。時間とともに緑青《ろくしょう》を吹き、これが元の色より魅力的に見える。建物によって微妙な色の違いがあるのも楽しい。

スクラッチタイル

表面に櫛でひっかいたような模様を付けたタイル。大正12年、F・L・ライトが帝国ホテルで使用した「スクラッチ煉瓦《れんが》」を模したタイルで、大学や官庁などに広まっていった。西洋建築風の看板建築にも使われており、時を重ねるほど深みの増すような風合い。どこか高級感さえ漂う。

スパニッシュ瓦

西洋で使われていた瓦で、カーブした縦長の瓦を上下に組み合わせていく。スパニッシュ瓦を改良した「S形瓦」が、看板建築のファサードで、窓の庇部分などにワンポイントで使われていることもある。色もさまざま。

レリーフ（鏝絵）

看板建築では主にモルタルの外壁に施された浮き彫り装飾のこと。左官職人が鏝《こて》を操り、植物から動物、はては造り手にしかわからないようなものまで、独創的なレリーフをつくり出した。レリーフの推理は看板建築初心者でもすぐに楽しめるポイント。

イオニア式

古代ギリシアのオーダー（西洋古典主義建築における比例体系）のひとつ。柱の頭部に渦巻装飾があるのが特徴で、エレクティオン神殿（パルテノン神殿の北側に建つ）が代表的。看板建築の付柱で見られることも。

コリント式

イオニア式の後に登場した古代ギリシアのオーダーのひとつ。柱の頭部にアカンサスという植物の葉を模した複雑な装飾を施す。アテネのゼウス神殿などに見られる。コリント式風の付柱に、果敢に挑戦した看板建築もある。

アール・デコ様式

1910年代半ばから1930年代に欧米で流行した、直線を多用した幾何学的な装飾様式。大正・昭和の戦前期日本でも流行し、代表的な建造物・東京都庭園美術館などが建てられた。看板建築でもアール・デコ風と思われる装飾をしばしば発見できる。

付柱

構造に影響しない柱風の装飾。看板建築では定番のひとつで、古典様式を模した装飾を用いることも多い。

看板建築さんぽ3つのマナー

1 私有地に許可なく入らない

2 お店の営業の邪魔をしない

3 撮影は節度を守って

魅力的な看板建築の中には、現在個人の住宅として使われているものもあります。そんなときは外観を愛で、敷地内に無断で足を踏み入れることは避けてください。営業中の店舗であっても、お客さんの迷惑になるような行為は避け、内観の撮影は、店主に一声かけてから。

Kanda-Jinbocyo Areas

神田・神保町エリア

神田・神保町エリアMAP

秋葉原駅から海老原商店、岡昌裏地ボタン店までは4分ほどで到着。神保町駅に向かって靖国通り沿いに歩いていくのがおすすめ。雑貨店や古書店、町中華など、散歩にぴったりなエリアです。

おすすめルート

スタート 秋葉原駅
«
1 海老原商店（P26）
«
2 岡昌裏地ボタン店（P14）
«
3 山本歯科医院（P24）
«
4 アナンダ工房（P32）
«
5 鼠の穴・美容室seki.（P36）
«
6 みますや（P38）
«
7 (元)鶴谷洋服店・ラド（P20）
«
8 光風館ビル（P30）
«
9 古賀書店・矢口書店（P18）
«
10 成光（P40）
«
ゴール 神保町駅

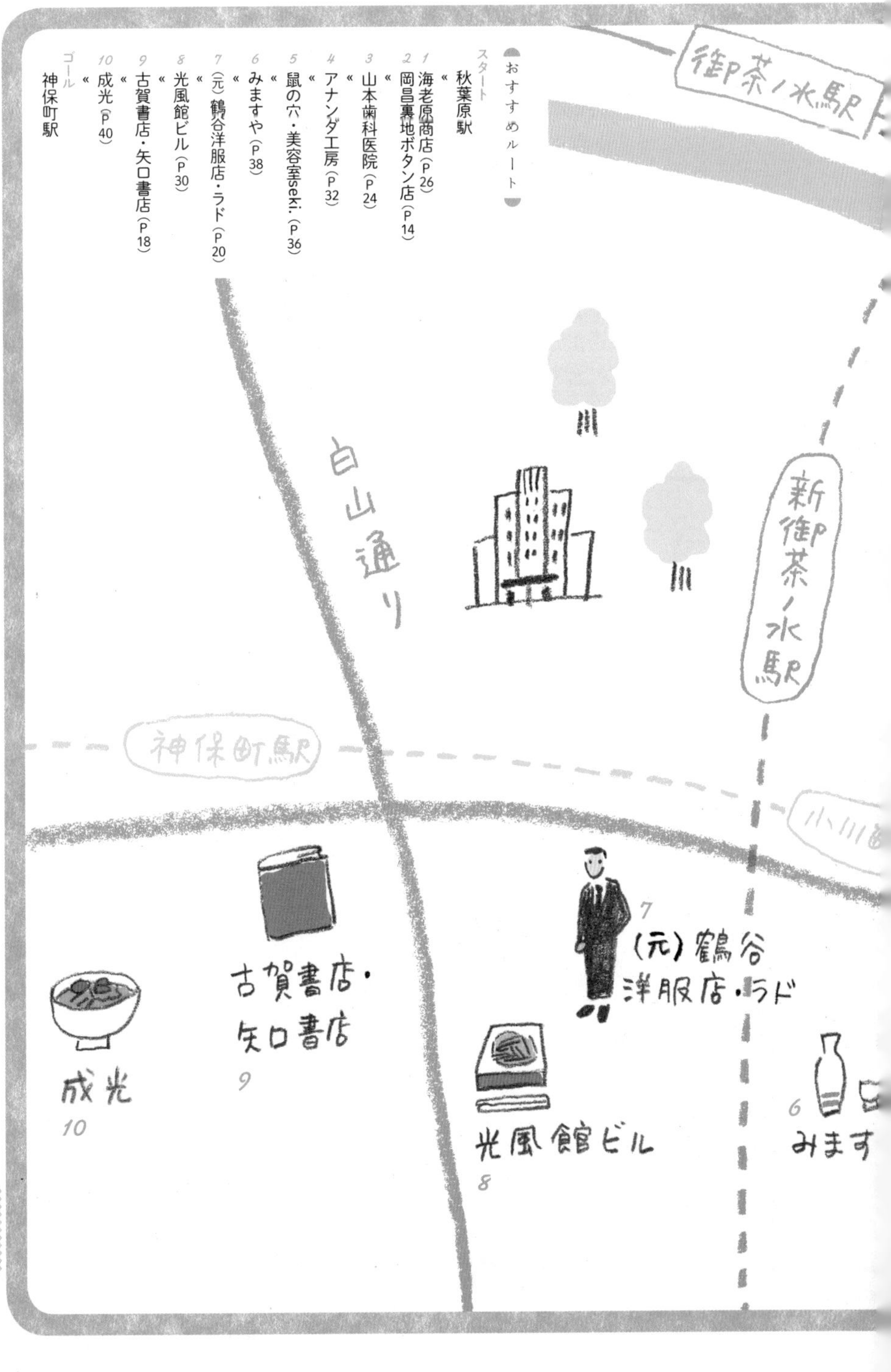

岡昌裏地ボタン店

銅板が生み出す
文様探しに夢中

店先にはオリジナルの金ボタンがずらり

Data
東京都千代田区
神田須田町2-15-3
竣工●1928年

神田須田町のシンボル的な存在

神田川に沿って万世橋から浅草橋まで東西に延びる柳原通りは、江戸時代の古着市場に始まり、明治後半には古着を含めた既製服の卸問屋街として栄えました。岡昌裏地ボタン店は、明治30年（1897）に古着屋からスタートし、戦後の洋服の普及に伴って裏地やボタンを扱う専門店になりました。関東大震災の後に銅板張りの看板建築として再建。柳原通り一帯は個性的な外観が目を引く看板建築街になったそう。そんな面影を感じさせる貴重な存在です。

外観は銅板の細やかな装飾が目を引きます。2階左右の戸袋、最上部には何重にも段がつけられたコーニスなどがシンメトリーで構成され、見た目にもどっしりとして安定感があります。

1. 外観は横に三等分された端正なプロポーション。*2.* 戦後に1階の銅板が盗まれてしまい、張り替えたため一部は違う色になっている。*3.* 戸袋は「矢羽根網代」と六角形の「亀甲」を組み合わせた模様。*4.* 扉の上枠には、今では見られないNHKの受信章やガス会社のプレートが残る。

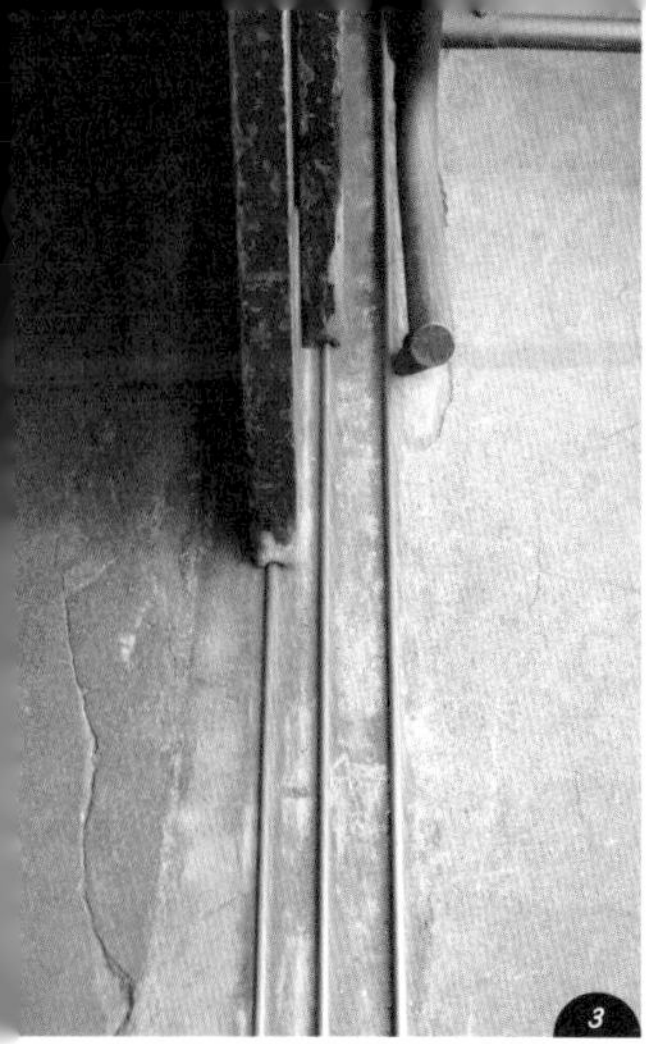

1. 天井は正方形で区切られた格式のある「格天井」。 2. 引戸の鍵は昔ながらの「ネジ締り錠」が現役。 3. 引き戸が真鍮製のレールの上を直接滑るため、溝がすり減っている。

「重量のあるシャッターをつけられるほど建物が丈夫じゃない、だから今でも毎日雨戸を使うんだ」といって、3代目店主の岡武夫さんは雨戸を見せてくれました。ゆがみのある国産ガラスがはまる扉を保護するために、仕事終わりには雨戸で塞ぐ——。戦前では日常的だった営みが、今でも続けれられています。

取材の日にたまたま居合わせた、文京区でテーラーを営む常連の男性は「服の着心地を左右するのはボタン。それくらいボタンは重要」と言います。裏地とボタン、その他にもパキスタン製エンブレムや絹糸など、上質な服づくりに欠かせない商品が所狭しと並び、見飽きることがありません。下町人情を肌で感じるお店です。

4.5. 繊細なグラデーションで並べられた糸。どんな色味もそろう。**6.** ここでしか手に入らないオリジナルの金ボタン。星座の柄など、種類も豊富。 **7.** 壁一面に並ぶシルクの裏地。「裏地で遊ぶのが日本人の粋」と、店主。 **8.** 誰にでも笑顔を絶やさない3代目店主の岡武夫さん。**9.** レジには岡さんの相棒・そろばん。

4

テーラーに選ばれる
確かな服飾資材には、
懐かしさも漂う

8

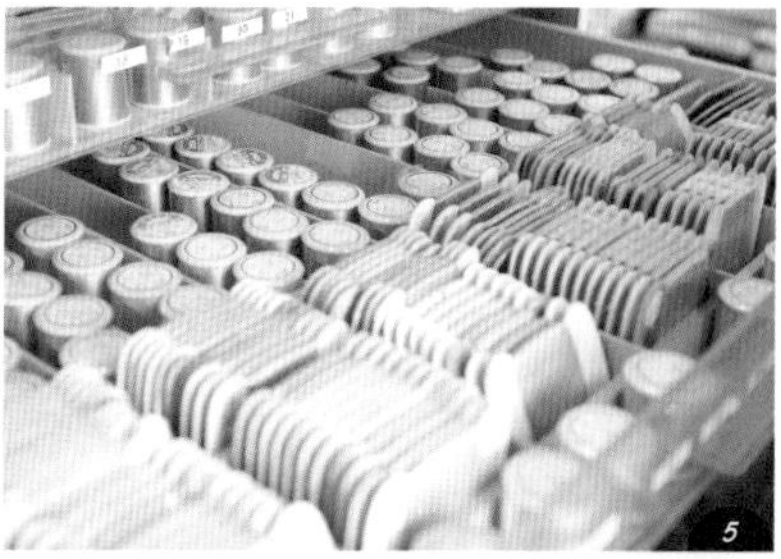

5

6

7

9

古賀書店・矢口書店

正面と側面で異なる表情が楽しめる

Data
東京都千代田区
神田神保町2-5, 2-5-1
竣工●1928年

古書街ならではの本の壁

関東大震災の復興事業として東西に敷かれた靖国通り。神保町はこの靖国通りを中心とした古本屋街・学生街として知られています。古書店は探し物をして歩く人が立ち入りやすいようにと、店をオープンに設えますが、本の大敵は直射日光による日焼け。そのため、神保町の古書店は日差しの入らない北側に間口を広げている店が多いと言われています。

古賀書店・矢口書店も例に漏れず靖国通りの南側に位置し、さらに角地の特長を生かした珍しいファサードになっています。靖国通り側の面は最上部に三角形の破風を設けたアール・デコ風、脇道側は半円をかたどった表現主義風と、一つの建物で二つの顔を使い分けているのです。

2

1. 角地で3階建ての、遠くからでも目を引く貫禄のある佇まい。 *2.* 矢口書店は演劇と映画関係の図書を扱う専門店。古賀書店はクラシックを中心とした音楽関連の専門書店。 *3.* 三角形の破風の中に3つのアーチ。窓上にもアーチを連続させている。 *4.* 半円形や直線でシンプルに構成された脇道側の面は、20世紀初頭に流行した表現主義建築風。

3

4

(元)鶴谷洋服店・ラド　旧 鶴谷洋服店・ラドリオ

トタンからのぞく
レトロな格子窓がかわいい

1

お店の外観を大胆にあしらった
オリジナルバッグも

Data
東京都千代田区
神田神保町1-3
竣工●1928年

店名はかつての高級テーラーから

2

3

靖国通りから一本入ると、不思議なファサードの二軒長屋が目に留まります。正面左側の目が2つついたような建物は、昭和3年（1928）築の元テーラー。2010年に閉業し、現在は店名の頭に「元」の一字を小さく添え、雑貨屋として営業しています。テーラー時代、道に大きく突き出していた袖看板のミニチュア版がついています。

正面右側は元々「ラドリオ」という老舗の喫茶店でしたが、現在は店舗の一部を「ラド」というアートスペースに転換、ギャラリーのほか演奏や演劇スタジオとしても使われています。三本の縦材で分割したリズミカルなファサードが特徴的で、こちらの建物の方がより古いと言われています。

1. 素材や雰囲気、対照的な店舗が隣同士で並んでいる。 *2.* テーラー時代は1m以上もある巨大なアーチ型袖看板がシンボルだった。現在は安全性も考慮して復活したかわいらしいミニチュア版。 *3.* ラドの外壁には、緑色の背中合わせになった「ト」の字と鎖のような不思議な装飾。

元鶴谷洋服店の窓を見てみましょう。外壁は銀色の亜鉛めっき鋼板という素材で覆われていますが、2階の〝目〟の奥には昭和初期の洒落た窓枠が覗いています。側面の窓やレトロな木製手すりも昔のまま。雨風にさらされて深みのある色合いです。

現在の雑貨屋を営むのは、亡くなったテーラー店主の義理の姪ご夫妻。店内には、テーラー時代の飾り物やライトなどが今も残り、当時の仕事道具や反物などが並ぶコーナーが設えてあります。

鶴谷洋服店のタグを再現して縫いつけたブックカバーや、お店の外観写真をプリントしたオリジナルバッグも販売。ここでしか手に入らないレトロなグッズは必見です。

1. 右は新しいサッシに換えられているが、左は竣工時のまま。 *2.* 2階建てのように見えるが、横から見ると屋根裏の3階部分がわかる。 *3.* 戦前のものと思われる細やかなデザインの木製手すり。

5

4

7

4. 店内の一角には、鶴谷洋服店の歴史を伝えるパネル。 *5.* テーラー時代の反物のミニチュアや実際に使用していたメジャーなどが並ぶショーケース。 *6.* 当時の店名が焼印されたハンガーもそのまま利用。 *7.* 元鶴谷洋服店のレトロな雰囲気が詰まったポスター。 *8.* 2015年まで原宿で営業していた人気店・文化屋雑貨店のオリジナルグッズを取り扱う貴重な存在。

6

テーラー時代の面影を
そこかしこに感じる

9
8

山本歯科医院

窓の白い木枠が
ロマンティック

1

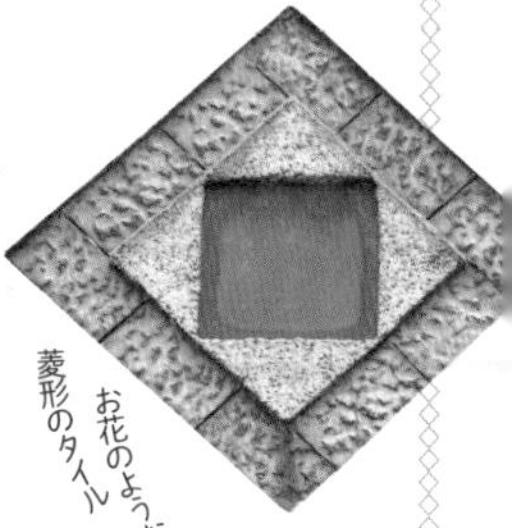

お花のような
菱形のタイル

Data
東京都千代田区
神田須田町1-3-3
竣工●1929年

右書きの看板文字に歴史を感じる

明治時代から続く歯科医院が神田須田町にあります。創業は明治30年（1897）。現在の院長の祖父の代から三代続く山本歯科医院は、昭和2年（1927）に現在の建物が建てられてから、この地で歯科医院を続けてきました。この付近は比較的戦争の被害が少なく、木造の店舗や住宅が現在でも残っているエリア。その神田で唯一、登録有形文化財になっている看板建築でもあります。

ファサードは3層の構成で、各層の中間に旧字体の看板や正方形のタイルの装飾を配して区切ったモダンな佇まいです。大きな縦長窓やスカイラインを切り取る茶色のコーニスなど、西洋建築のモチーフを駆使しつつ、上品にまとめています。

2

3

4

1. 3階建ての堂々たる構えは、言われなければ看板建築だとなかなか気付かない。 *2.* 真鍮製のドアの押板、縦型のレターポストが瀟洒。 *3.* 大判ガラスの製造が困難だった時代だからこそ生まれた窓のパターン。 *4.* 四角形を組み合わせたタイルにセンスを感じる。

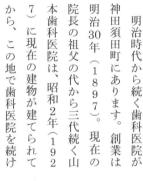

海老原商店

画家デザインのアート作品のような店構え

恐らく都内で、いや全国的にみても、最も有名な看板建築ではないでしょうか。１９８０年代に藤森照信氏が世に紹介して以来、喪失の危機に瀕する度に再生を果たしてきた不死鳥のような建物です。場所は前出の「岡昌裏地ボタン店」と同じ柳原通りに面し、やはりここでも古着屋から始まり、既製服の販売店、羅紗（厚地の毛織物）の問屋などを営んできました。現在は当主の海老原義也さんの尽力によって当初の姿へと復原改修がなされ、主にイベントスペースとして活用されています。

Data
東京都千代田区
神田須田町2-13
竣工●1928年

外壁はタイル張りで、最上部と1階の庇に銅板を使用しています。最上部の銅板は複雑なデザインで、これは日曜画家の黒田武之輔が描いたデザインを元に、大工と相談しながらつくったと伝えられています。ローマ字で綴られた「EBIHARA」の文字も、舶来ものを扱う店の象徴だったのでしょう。

1. 帽子のようなパラペットは、細部までつくり込まれた銅板張りの装飾。 *2.* 銅板でくるまれた1階の庇は、緩やかな円弧と直線の和洋折衷のデザイン。 *3.* 土間には日本唯一の「だるま窯」を用いた伝統工法でつくられた瓦を敷いている。義也さん自ら群馬・藤岡の窯元を訪れたという。

丁寧な銅板細工に
目を奪われる

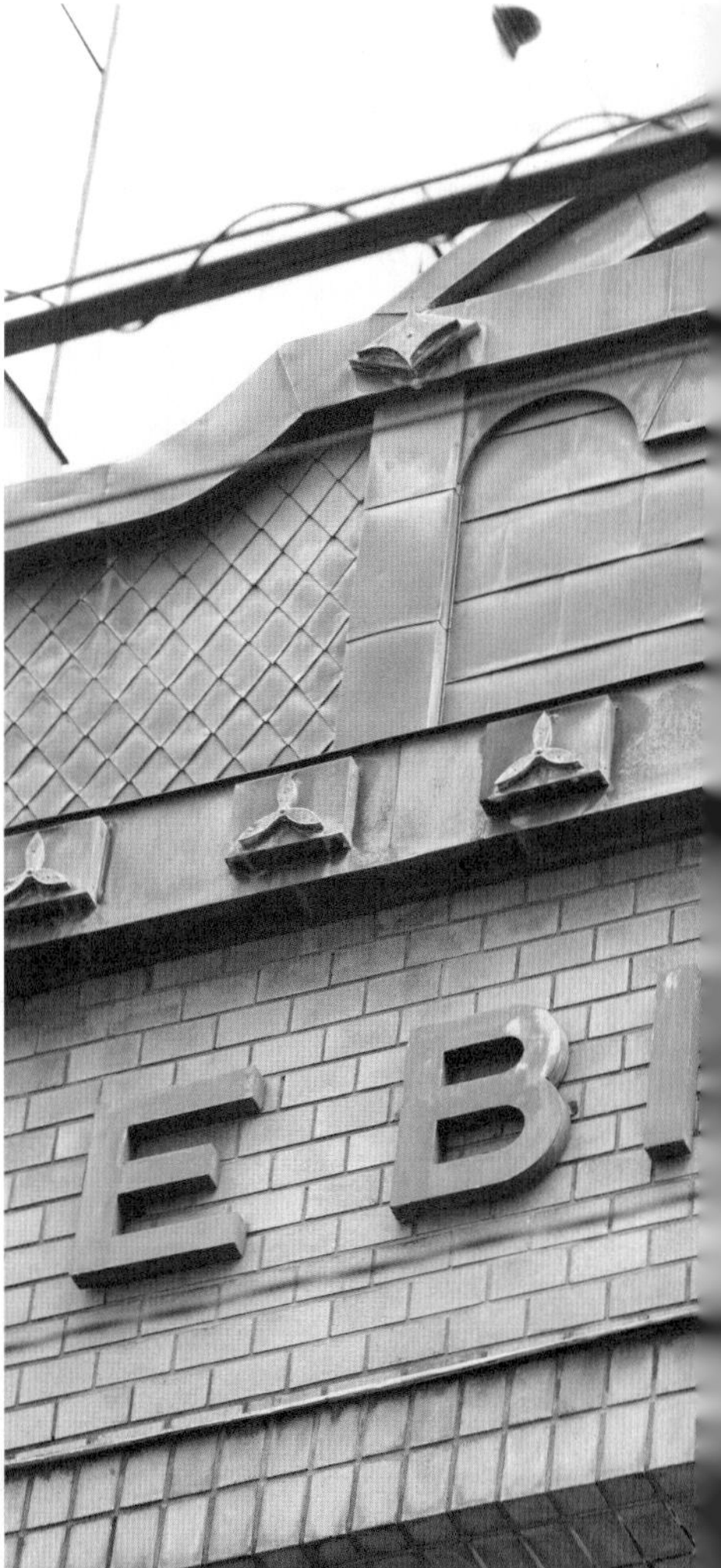

個性的な建具や家具が
センスよく配される

1. 1階入口上部の欄間には渦巻模様と市松模様のガラスが交互にはめられている。 *2.* 2階の欄間は繊細な組子で構成。建具の多くは当時のものを残している。 *3.* ふすまの花柄も、昭和初期のもの。レトロな気分を盛り上げる。 *4.* 当時から使われていた、色ガラスが美しいアンティークのガラス棚。 *5.* トップライトのある吹抜は1階に自然光を導く。

6. ガラスを組み合わせた建具が多いのが印象的。 7. 食器棚には百貨店「高島屋」の金属板。8. 羅紗を並べていた造り付けの棚。 9. 2階は障子やふすまを開けるとひと続きの空間に。落語会や現代アートの展示などが行われている。

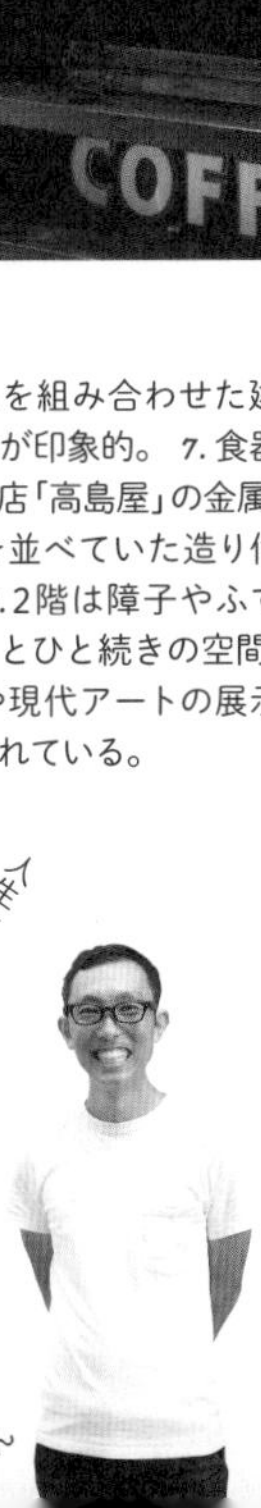

人手をかけて改修に取り組んだと話す海老原さん

光風館ビル

そば屋の頭上に妖しげなレリーフ

神保町・すずらん通りは、書店、古書店、飲食店が軒を連ねる活気のある商店街です。魅力的なお店に気を取られ、古代文明のレリーフが隠されていることに気付く人はそう多くないでしょう。この「光風館ビル」は「ビル」と名づけられているものの、木造2階建ての二軒長屋。貸店舗としていくつかの店舗を経て、現在はそばチェーン店である「小諸そば」が2軒またがって入居し、神保町を歩く人々の胃袋を満たしています。

肝心のファサードは、実に不思議な図像で飾られています。

1

神保町すずらん通りは、看板建築のホットスポット

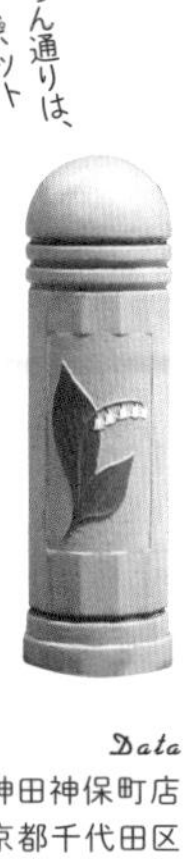

Data

小諸そば 神田神保町店
東京都千代田区
神田神保町1-5
竣工●昭和初期

アーチの中に不思議な模様

最上部のコーニスには植物のようなレリーフ、五等分された半円形の中央には古代文明のような渦巻状のレリーフ、柱型の中央部にも欠損していますが何らかの幾何学模様が描かれています。いずれもオリジナルの模様とみられますが、はっきりしていません。想像力がかき立てられる看板建築です。

1. 上からコーニスの装飾、半円形の中のレリーフ、波型のモールディングが並ぶ。 *2.* 柱面には幾何学模様の痕跡が残る。 *3.* 店舗部分から少し目を上に向けると、国籍も年代も不思議な建物。

アナンダ工房 神田須田町ショップ

インド神話をモチーフにした装飾

不思議な名前のお店です。しかしお店の名前以上に、不思議な装飾が目に飛び込んできます。前出の「山本歯科医院」から更に一本北側の通りに入ると見えてくるこの銅板張りの看板建築は、昭和3年（1928）築の元カステラ店でした。廃業後は取り壊しが決まっていましたが、西岡さんご夫妻が買い取りを決意。昭和初期の長屋の雰囲気を活かしつつ、1階をインド製の生地を使用したオリジナル服の販売店、2階をギャラリースペースとして改修しました。

緑青をふいた銅板の外装の上

1

Data
東京都千代田区
神田須田町1-17-11
竣工●1928年

に、インドに由来する装飾が取り付けられています。最上部には法輪を抱えた雌雄のライオン、その左右にイスラム寺院の尖塔・ミナールを模した銅壷、2階窓の左右には神話の半人半鳥を、それぞれ配置しています。

銅板長屋とインドの一見奇妙な出逢いが、この建物の魅力を増幅しているようです。

1. 銅板長屋がインドの装飾や像たちによって彩られている。 *2.* てっぺんに鎮座する雌雄のライオンは法輪を抱える。 *3.* 庇の下のレリーフはインド神話に出てくる音楽の神。左は男性のキンナリー、右は女性のキンナラー。

影絵のように物語を感じる窓

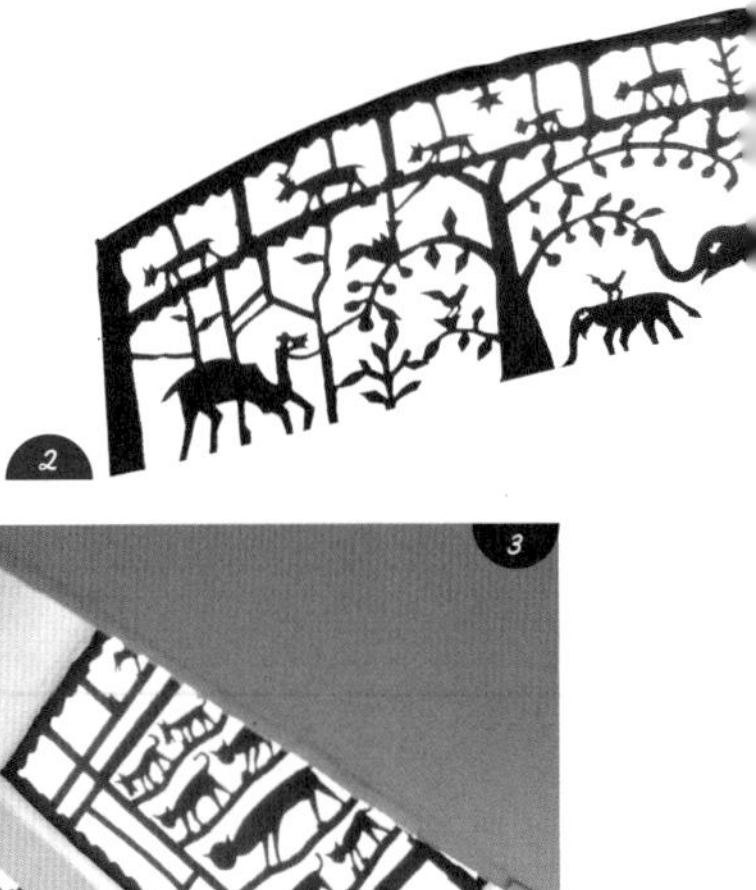

大小さまざまな
窓には鉄製の装飾

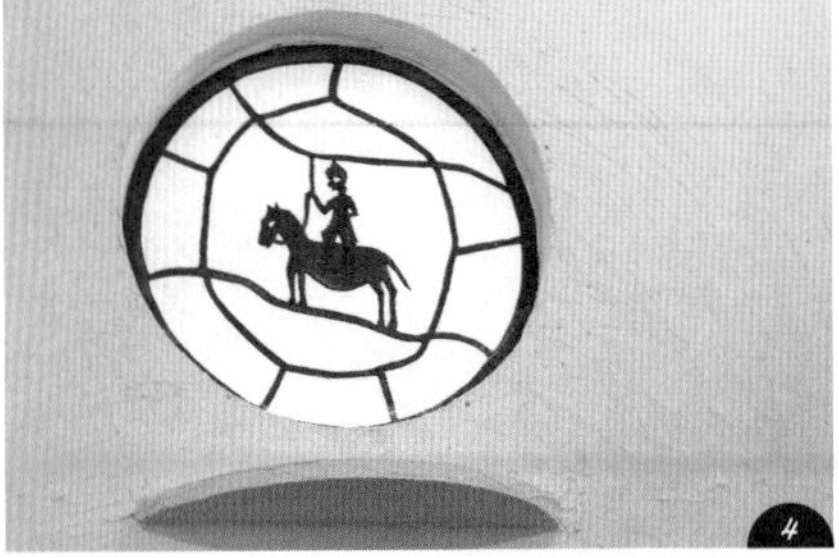

白い壁が印象的な
明るい店内

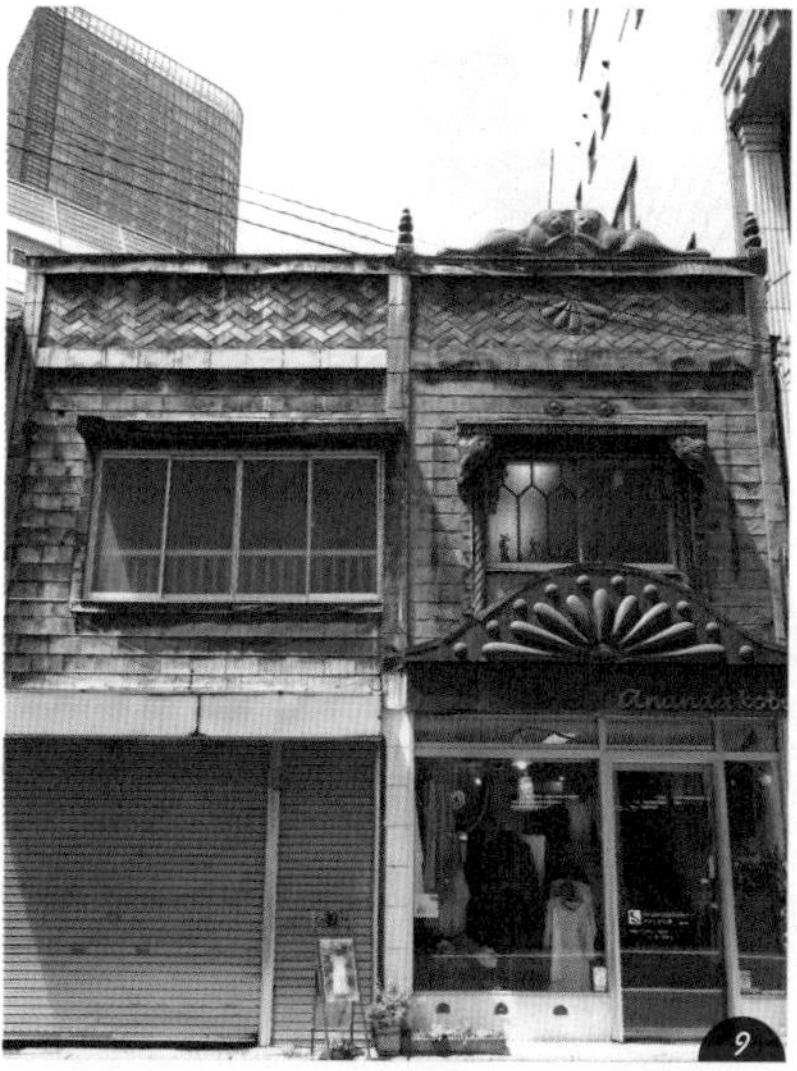

1. 表から見たときに印象的な2階の窓の内側。銅製の桟のパターンが目に留まる。 *2.* 店内の窓を飾る鉄製の装飾は特注のもの。 *3.* 雨漏りしていた部分を思い切ってトップライトに改修。やさしい光が降り注ぐ。 *4.5.* 小窓ももれなく彩られ、店中を探索したくなる楽しさ。 *6.7.8.* 自然素材でつくられたやさしい風合いの洋服と白壁や木製のラックが溶け合っている。 *9.* 昔ながらの銅板長屋の雰囲気を尊重しつつ、新しい世界観を提示している稀有な改修例。

鼠の穴・美容室seki.

赤い扉と赤い戸袋がリンク

Data
東京都千代田区神田
須田町1-12, 1-12-7
竣工●昭和初期

兄弟のように しっくりくる並び

靖国通りの内側の細い路地に面して建つこの二軒の小さな建物が、戦前の看板建築だと気づく人は恐らくあまりいないでしょう。綺麗に塗りなおされて現代的なアレンジが加えられた外観は、東京の下町というよりは、ヨーロッパの街並みの方がしっくりきます。

向かって左の美容室は椅子が1席。店主の関さんが抱いていた「古い建物でお店を開きたい」という希望にまさしくぴったりなモルタル塗りの町屋は、もともと印鑑店だったと伝えられています。右は古民家の雰囲気を活かしたバル。外壁は銅板を淡いブルーに塗装していますが、社寺建築にみられる蟇股《かえるまた》のような頂点の形に、震災復興期の面影が残されています。

1. 赤いワンポイントが利いた2軒の建物。店主同士も元々知り合いだとか。*2.* 美容室seki.の店内は、雑貨店も営む店主のセンスが光る。アンティークの小物が懐かしい木造長屋の雰囲気になじむ。*3.* seki.の床は手つかずのまま。

建物の雰囲気と調和したアンティーク風のサイン

みますや

緑青が美しい日本最古の居酒屋

丸の内線・淡路町駅のほど近くにある静かな通りに入ると、緑青を吹いた銅板張りの建物が見えてきます。「みますや」の創業は日露戦争が終結した明治38年（１９０５）、現存する都内最古の大衆居酒屋だといわれています。店名の由来は、開業当時に店の主人が浅草の神社で授かった「縁起のよい名前」とのことですが、戦災にも火事にも地上げの波にも耐え、今なお多くのファンに愛される店となったことを踏まえると、ただならぬ御利益があったことがわかります。

彫りが美しい木製の換気口

Data
東京都千代田区
神田司町2-15-2
竣工●1928年

外壁は2階が銅板一文字張り、1階はモルタル人造石仕上げとう、震災復興期の町屋では一般的な構成で、窓には小さなバルコニーがついています。目を引くのは横一列に並んだ朱色のオーニングや庇。緑青やモルタルの灰色に、鮮やかな差し色を加えています。ぜひ、昔ながらの縄暖簾をくぐってみてください。

1. 銅板とモルタルで仕上げられたシックな外壁に、真っ白な「みますや」の看板とオレンジのテントが映える。 *2.* ベランダを支える持送りは幾何学的なアール・デコ風のデザイン。 *3.* 和洋折衷の雨樋は看板建築によく似合う。 *4.* 店の前にかかる「縄暖簾」は昔ながらの居酒屋の象徴。

苔生した
趣深い
木製バルコニー

1

成光

角地を生かした リズミカルな窓

Data
東京都千代田区
神田神保町2-23
竣工●大正末〜昭和初期

1. ギリシアやローマを思わせる古典主義風のファサードを3面に向ける。 *2.* 最上部の歯型の装飾は建物の格式を高める。

赤テントが輝く 老舗の街中華

古書店と学生の町・神保町。

さくら通りが始まる交差点に赤いテントが印象的な「中華　成光」があります。一見、学生やサラリーマンでにぎわう、よく見る町の中華屋さんですが、目線を少し上に上げ、白い壁に端正な形の窓、そして最上部のコーニスに至ると、見え方がガラッと変わります。木造長屋というよりは、まるで大正モダンな銀行建築。試しに手で1階部分を覆ってみてください。

関東大震災の復興期、洋風の看板建築が好んで建てられました。通りの始まる角地は、格好の見せ所だったので、建物の外観にも気合いが入っています。

近くで見つけた

かわいい看板建築

1. 神保町エリアを探索すると、閉業して民家となっている看板建築にも出会う。窓周りの大小のアーチが印象的な建物。 *2.* トレビの泉などに代表されるバロック様式でよく用いられた「カルトゥーシュ」風の装飾。 *3.* 葉っぱ模様のレトロなガラス。

江戸東京たてもの園で当時の暮らしに触れる

江戸東京たてもの園は平成5年（1993）に、小金井公園の中に誕生した野外博物館で、30棟の建造物を都内各所から集めて展示しています。園内の一角には現在6棟の看板建築が移築され、当時の商いや暮らしを再現した数々の道具とともに見学可能。いずれも都内の看板建築では一級品です。

「丸二商店」は荒物屋という、ちりとりやざるなどの日用品を扱っていたお店。江戸小紋のパターンに基づく銅板張りが凝っています。「村上精華堂」は不忍池に面して建っていた化粧品店。イオニア式列柱を並べた姿が特徴的ですが、やや並べすぎているのが面白いところです。

「植村邸」は銅板張りの個人邸ですが、2階のベランダに「刎《はね》高欄《こうらん》」と呼ばれる寺社建築などで用いられる手すりを設けて、和洋折衷のつくり。中央を飾るレリーフも凝っています。

「花市生花店」は神田淡路町に建っていた3階建ての銅板張り建築で、花や蝶、四季折々の草花が銅板を打ち出して見事に表現されています。「武居三省堂」は唯一タイル張りで、細い間口に対してカッチリとデザインされた戸袋や窓がモダンな印象。

白金台に建っていた乾物屋「大和屋本店」は、「出桁造」と呼ばれる深い軒の形式と看板建築のミックスです。

当時の街並みを思わせる並びも楽しい

江戸東京たてもの園
東京都小金井市桜町3-7-1（都立小金井公園内）
tel 042-388-3300
〔4月〜9月〕9:30〜17:30、〔10月〜3月〕9:30〜16:30
月曜休（祝日または振替休日の場合は営業。翌火曜休）、年末年始休
入園料400円

丸二商店

銅板張りの凝った装飾が見どころの荒物屋。裏手には長屋も移築復元されています。

丸い照明が灯る様子も必見

1

3

2

1. 美しく緑青のふいたファサードは、パラペットの形が印象的。左右についたアンテナのような装飾も洒落ている。 *2.* 2階が「網代」、欄間の上が「青海波」、1階横に張りだした物入れ部分には「杉綾目」、1階の角柱には「亀甲」と、伝統的な文様がたくさん。 *3.* 店内には鍋やざる、ほうき、じょうろなどの生活用品が取りそろえられている。

Data

丸二商店（荒物屋）
移築前の所在地●
東京都千代田区
神田神保町3丁目
竣工●昭和初期

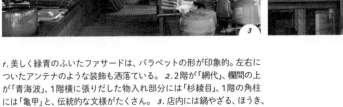

村上精華堂

1955年頃まで営業していた化粧品店。古代ギリシアを思わせる付柱に屋根瓦を乗せた姿は、まさに和洋折衷。

1

Data
村《むら》上《かみ》精《せい》華《か》堂《どう》（化粧品屋）
移築前の所在地◉
東京都台東区池之端2丁目
竣工◉昭和3年（1928）

2

植村邸

家主・植村三郎氏が設計した自邸。1階部分に残る多数の傷は、戦時中の空襲によるものといわれています。

3

Data
植村邸
移築前の所在地◉
東京都中央区新富2丁目
竣工◉昭和2年（1927）

4

花市生花店
武居三省堂

別の場所にあった花屋と文房具店を並べて復元しています。各店のイメージに合った装飾が見ごたえ抜群。

5

印影のような看板

7

6

1. 店先では化粧品を販売。障子の奥は製造所で、油やロウ、酸、香料などを調合、煮沸、攪拌、冷却し、瓶詰めまで行っていた。 *2.* 3階部分は少し後退しバルコニーがあるため、圧迫感が軽減されている。 *3.* 2階の手すりは、神社などで見られる刎高欄。心材に銅板を巻きつけた、凝ったつくり。 *4.* 細部に至るまで板金の技が詰め込まれている。 *5.* プロポーションは似ているが、銅板とタイルが対照的。 *6.* 花市生花店の2階の窓下には、四季折々の草花が銅板の打ち出しで描かれている。 *7.* 武居三省堂の内壁には造り付けの商品棚。筆や硯などの商品が所狭しと並ぶ。

Data

右・花市生花店（花屋）
移築前の所在地●
千代田区神田淡路町1丁目
竣工●昭和2年（1927）

左・武居三省堂（文具店）
移築前の所在地竣工●
千代田区神田須田町1丁目
竣工●昭和2年（1927）

大和屋本店

江戸時代から続く出桁造ながら、2階のバルコニーや3階の窓下には銅板が使われ、看板建築らしい特徴も。

1

レトロなたばこのケースは絶好のフォトスポット

3

2

1. 深い軒の「出桁造」を踏襲した店構え。右に置かれたタバコのケースは別の場所にあったものを移設している。1階の軒先にある提灯は、夏の夜間開園時に提げられたもの。 *2.* 店の内部には扱っていた乾物類を再現。 *3.* 側面と裏面の壁は、上の板の下端を下の板の上端に重ねていく伝統的な下見板張り。正面だけ仕上げを変えているのも看板建築らしい特徴。

Data
大和屋本店（乾物屋）
移築前の所在地●
港区白金台4丁目
竣工●昭和3年（1928）

日本橋エリア

Nihonbashi Areas

日本橋エリアMAP

スタートは水天宮前駅。少し足を延ばして、安産や水難除けのご利益で有名な水天宮を参拝してみては。お昼にラーメンを食べ、ラフレッサで一服してゴール、という楽しみ方もできます。

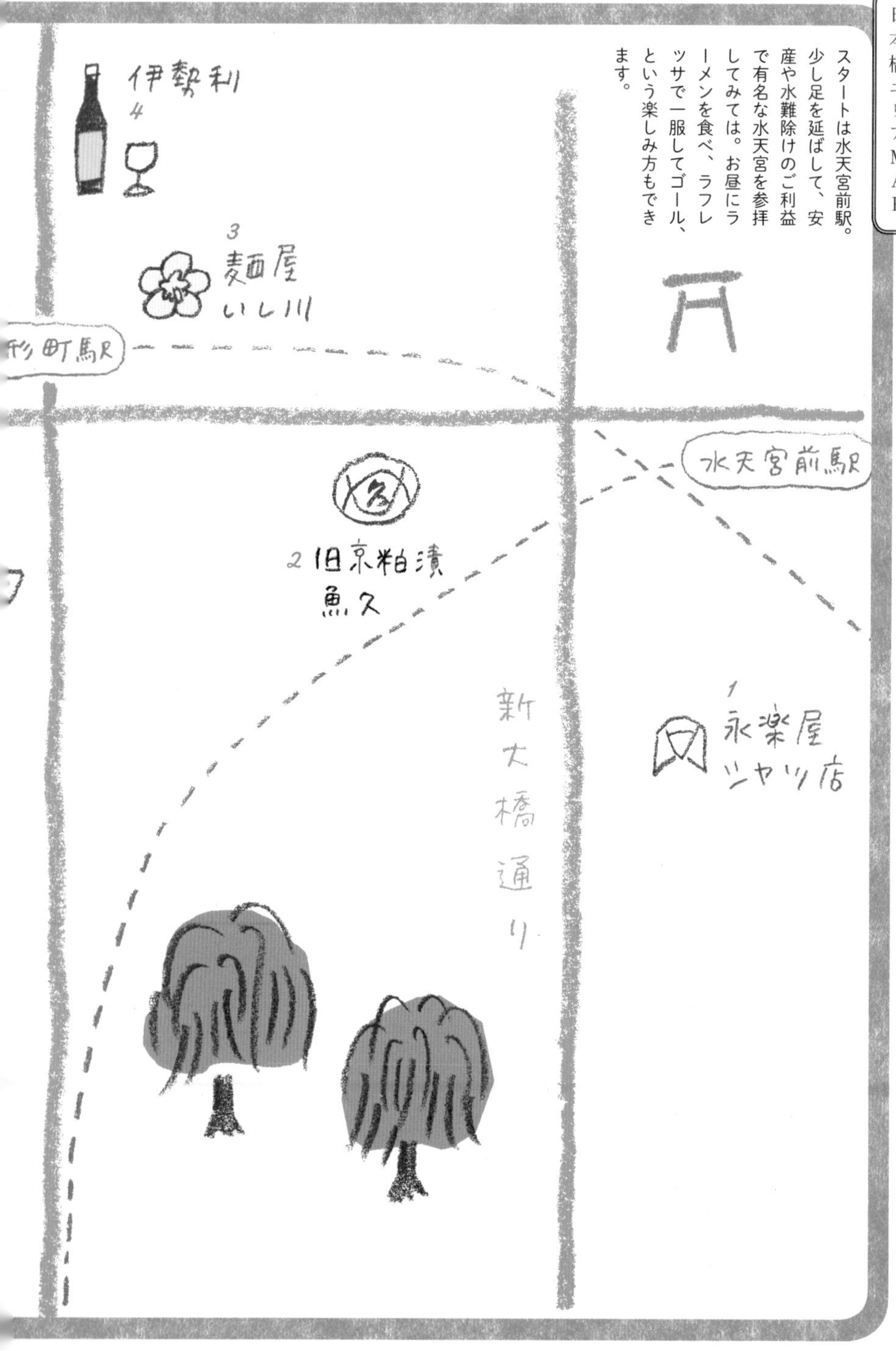

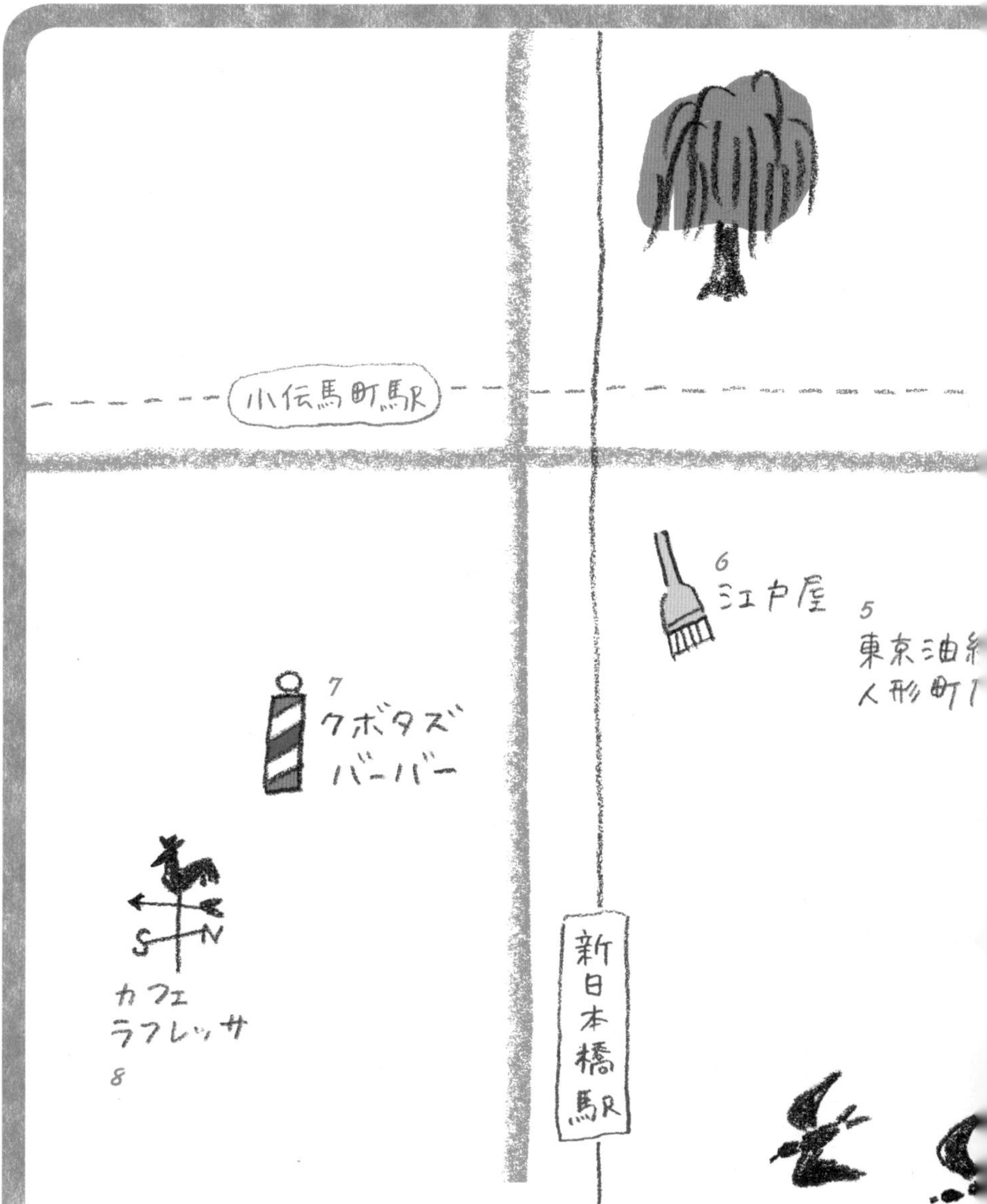

おすすめルート

スタート 水天宮前駅
«
1 永楽屋シャツ店（P62）
«
2 旧京粕漬魚久（P66）
«
3 麺屋いし川（P54）
«
4 伊勢利（P68）
«
5 東京油組 人形町店（P72）
«
6 江戸屋（P50）
«
7 クボタズバーバー（P60）
«
8 カフェラフレッサ（P56）
«
ゴール 新日本橋駅

1

江戸屋
窓上に整列する12羽のフクロウ

刷毛で書いたような"ブラシ"の文字

Data
東京都中央区日本橋大伝馬町2-16
竣工●1924年

白いモルタルに映える
真っ青な日除け幕

日本橋大伝馬町は江戸時代に町名が成立した最古の町といわれ、木綿問屋街として戦前まで繁栄しました。大伝馬本町通りに沿って建つ「江戸屋」は、徳川家継のお抱え刷毛師に命じられた初代利兵衛が享保3年（1718）に徳川家から屋号を与えられて開業。実に3世紀にもわたり、この地で刷毛店を営んできました。現在の建物は関東大震災の翌年に日本橋浜町に住む大工の手によって建てられたもので、震災直後の物資の限られた中とは思えないほど頑丈につくられています。

外壁には刷毛の毛先を模した6本の縦材が空に伸びています。近代建築に見られるデザインを大工が刷毛に見立てたところに面白さがあります。

2

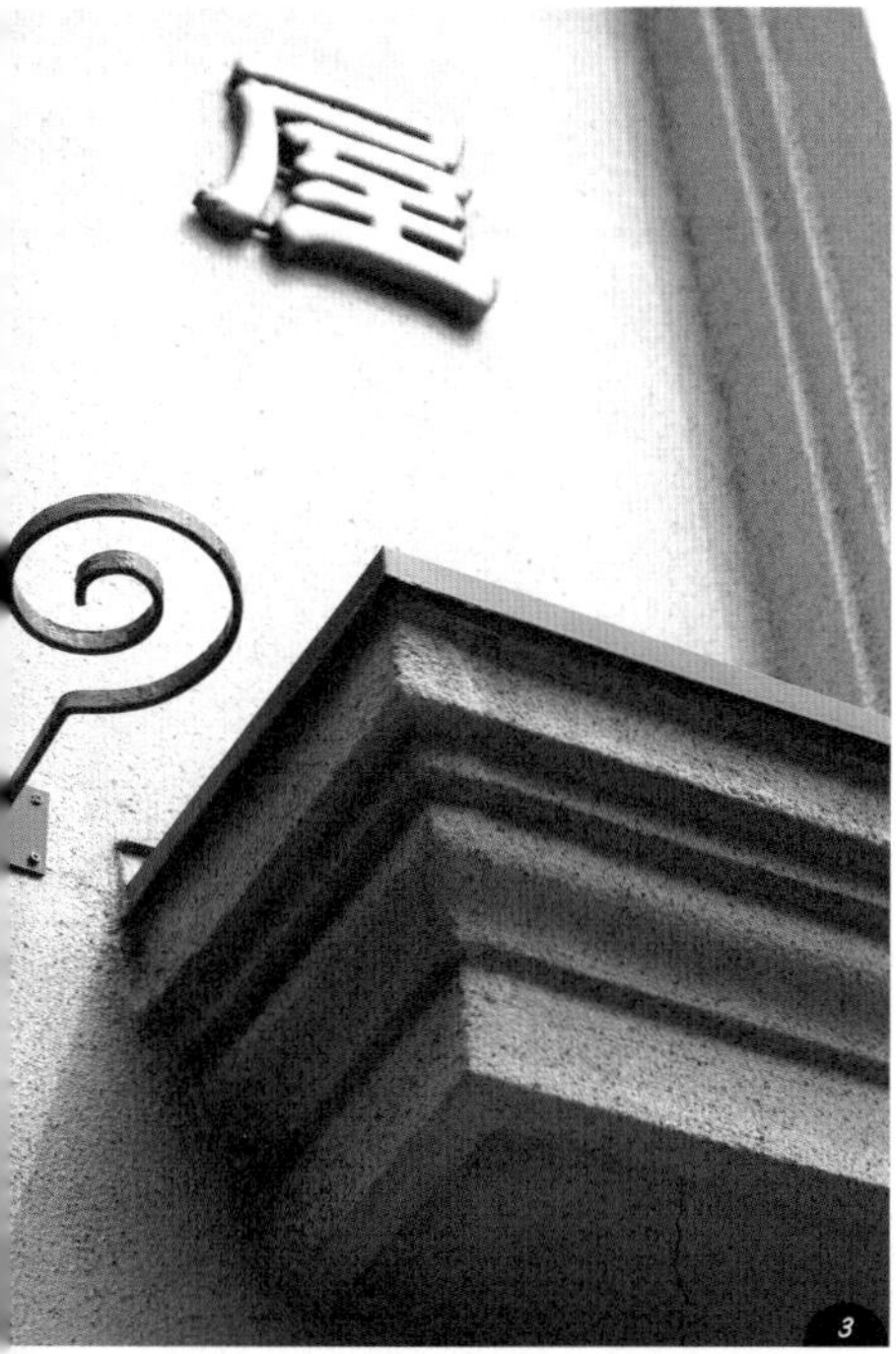

3

1. ファサードは完璧なシンメトリー（左右対称）。6本の縦材は刷毛を模している。*2.* 窓上のフクロウは、村の守り神として伝わるアイヌ民族の文様にも似ている。*3.* 建物の端には渦巻きのような金物。以前は旗立てとして使われていた。

店内に入るとまず目に飛び込んでくるのは、天井から吊るされた無数の刷毛やブラシ。伝統技術でつくられた江戸刷毛は風通しのよいところで保管する必要があり、こうして天井から吊るされているそうです。その他にも、棚や壁面に所狭しと並べられた刷毛やブラシ類は表に出していないものも含めて実に3000種類以上。個人のお客さんをはじめ、歌舞伎役者や芸能人、はたまた工場まで、幅広く愛用されています。

江戸時代ゆかりの品や、年代ものの金庫など、さながら江戸下町の博物館といった趣の江戸屋さん。国の登録有形文化財となった今でも、昔と変わらず人々に質の高い商品を届け続けています。

店内はまるで刷毛の博覧会

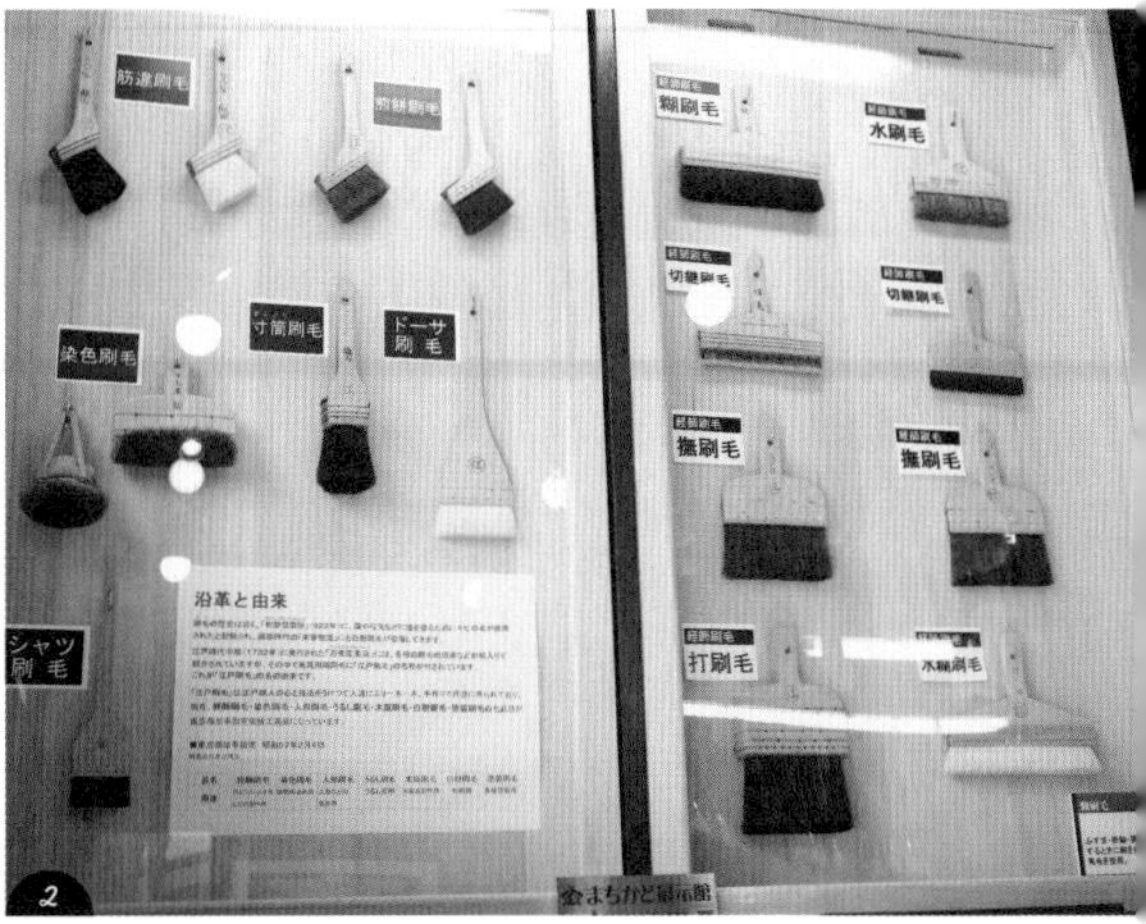

1. 2011年に耐震改修工事を行ったが、建具類は当時のものを使い続けている。 2. 店の一角には刷毛の種類を解説するコーナーも。 3. 12代目にあたる濱田さん。「東日本大震災の4か月前に耐震改修工事を終えたのは奇跡のようなタイミング」と語る。 4. たわしや靴用のブラシも並ぶ。 5. 天井からブラシがずらりと垂れ下がる様子は壮観。 6. 木製の棚には、製パン用、糊用など用途別のブラシが収められている。 7. 江戸時代から使われている金庫。ダイヤルは数字ではなく「イロハニホヘト」。

3

4

5

ジャケット用に
帽子用。
どんなブラシも
お任せ

7

6

1

麺屋いし川 ⑬伊勢梅

櫛やかんざしの装飾は小間物屋のなごり

バルコニー風の窓に
輝く金色の梅

Data
東京都中央区日本橋
人形町2-5-2
竣工●大正末～昭和初期

洋風の青い屋根瓦が新鮮！

日本橋人形町という地名は、江戸時代には人形芝居小屋があり、周辺には人形師や役者が多く住んでいたことから名付けられたといわれています。その中心を走る人形町通りに面した「麺屋 いし川」は２０１７年にオープンしたラーメン店。ひとつ前は漬物の「近為 人形町店」、さらにさかのぼると「伊勢梅」という小間物店でした。

震災復興の区画整理後に建てられた伊勢梅の建物は、正面をモルタルで塗り、扱っていた商品にちなんで窓の左右にはかんざし、手すりには櫛をあしらい、手すりの中央には店名の「捩じ裏梅」の文様を置いています。櫛形は窓の上やコーニスにもくり返し用いられ、和洋が融合したデザインになっています。

2

3

*1.*1階は改修されているが、2階は竣工当時の姿が残されている。 *2.*窓の上には小間物店時代に扱っていた櫛をアレンジした装飾。 *3.*ギターのネックのようにも見える壁面の細長い装飾はかんざしの形とみられる。

カフェ ラフレッサ

オフィス街に突如現れる風見鶏の館

ツタに覆われた入口はまるで異世界への扉

Data
東京都中央区日本橋本町4-2
竣工◉不詳

新日本橋駅のすぐ近くに、ツタで覆われた小さな洋館のようなお店が建っています。カフェ・ラフレッサは、元飲食店だった建物の内部を現在の店主が改装し1978年に開業して以来、日本橋で働く人々に愛され続けている喫茶店です。初めて足を踏み入れるには、少しだけ勇気がいるかもしれません。でも、大丈夫。アンティークの扉を開けば、懐かしさ漂うレトロな店内とおいしいコーヒーが温かく迎え入れてくれるでしょう。

モルタル塗りの外壁の上に、特徴的な緑色のテントがお店の目印です。上部は西洋建築風に階段状に立ち上がり、頂点には風見鶏が置かれています。角が斜めに切り取られた側面の窓の形も洒落ています。

1. 高いビルに囲まれながらも、この一角だけは時間の流れを感じさせない。*2.* 側面には角が斜めになった大きな窓が並ぶ。*3.* 日替わりのケーキと紅茶またはコーヒーのケーキセットは、散歩の小休憩にぴったり。

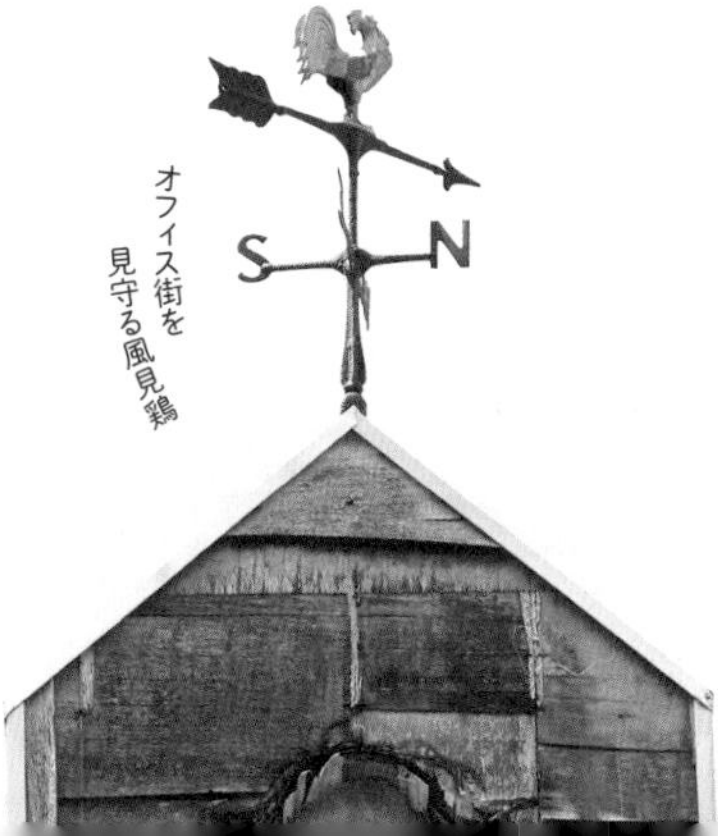

オフィス街を見守る風見鶏

1. 深いテントの下には鉄製の花台。 2. 小洒落た袖看板がツタの間にチラリと見える。 3. 扉の取っ手もアンティークな雰囲気。 4. 店内の窓辺にはレースのカーテン。やわらかな光がこぼれる。

細部もメルヘンな世界観

3

近くで見つけた

かわいい看板建築

1. 小網町に建つ住宅の窓周り。銅板の張り方にセンスが光る。 *2.* 桃のレリーフが特徴的な飲食店。重厚感のあるスクラッチタイル張り。 *3.1.* と並んで建つモルタルの看板建築。半円形の中に謎のモチーフ。

ツンととがった
昔話の桃

クボタズバーバー

モノトーンのシックな床屋さん

日本橋本町に建つ「クボタズバーバー」は創業明治35年（1902）、初代窪田英三が甲府より上京し日本橋本町で開業した老舗の理髪店です。現在は4代目の窪田俊之さんが継ぎ、ヘッドスパをはじめ従来の理髪店に留まらない多様なサービスを提供しています。

建物は昭和3年（1928）築。2階は左右でデザインを変えています。左側は最上部が一段高く上げられ、柱型や窓上には縦縞のデザインが施されています。一方、右側は3階部分が4つの斜面で構成された「マンサード

雰囲気を壊さない控えめなサインポール

Data
東京都中央区
日本橋本町4-8-5
竣工●1928年

屋根」と呼ばれる形が見てとれます。当時、2階建てしか認められていなかった木造家屋において、3階の壁を傾斜させることで屋根裏扱いとなり、事実上3階を建てることができました。現在は屋根の上までトタン板で覆い、完全な3階建てになっていますが、そうした経緯が建物の顔に現れています。

1. 左右でデザインの違うグレー×白のモノトーンの二軒長屋。右側の3階部分は、差し色の水色がおしゃれ。
2. 左右で大きさの違う手すり。 3. 幾何学的な3階窓周りの装飾は、アール・デコ様式の意匠を汲む。

窓周りの装飾が見ごたえバツグン

永楽屋シャツ店

ファサード全体がまるで額縁のよう

日本橋蛎殻町はかつて米穀取引所が置かれ、また醤油、砂糖の製造卸、瀬戸物の問屋が集まる街でした。さらに鎧橋を渡ると東京証券取引所のある兜町と、明治から発展を遂げたオフィス街に隣接しています。この地のサラリーマンのために上質なオーダーシャツを提供し続けている「永楽屋」は、創業明治24年（1891）、現在4代目となる大海由嗣さんによって営まれています。場所柄、先物取引で景気のよくなった人が、帰り道にオーダーシャツを注文する、といった光景が度々見られたとい

1

この街のサラリーマンを支え続けてきた

Data
東京都中央区日本橋
蛎殻町1-6-5
竣工●1925年

います。

以前の建物は関東大震災のもらい火で焼失したあと、2年のバラック期間を経て、大正14年（1925）に現在の建物が建てられました。まるでファサードを額縁に見立てたかのような重厚なデザインは、仕立てのいいシャツのような心地よい緊張感があります。

1. 2羽の鶏が目印の看板。背景の赤い朝日は、現在の店主が若かりし頃、先代とともに塗りなおしたそう。*2.* 店とともに時を刻んだショーウィンドウの小さな看板。粋なキャッチコピー。 *3.* 外観は竣工当初のまま、ほとんど変えられることなく残されている。

ユニークな書体の
看板文字は絵画の

1

明治時代の初めまでの商店は「座売り」と呼ばれ、来た客の要望に沿って、主人が棚から品物を出す販売方式が一般的でした。そこに西洋式のカウンターとショーケース、ショーウィンドウからなる「陳列販売方式」が輸入され、銀座や日本橋を中心に瞬く間に広がりました。永楽屋のショーウィンドウは大正時代のものでありながら、大きなガラスが特徴的で、当時の日本では大判ガラスをつくる技術が未熟だったことから輸入品ではないかとみられています。

またショーウィンドウの底面には、日本に入ってきたばかりのリノリウムという建材が使用されています。店の内外の隅々に、こうした当時の最先端が潜んでいます。

2

5

3

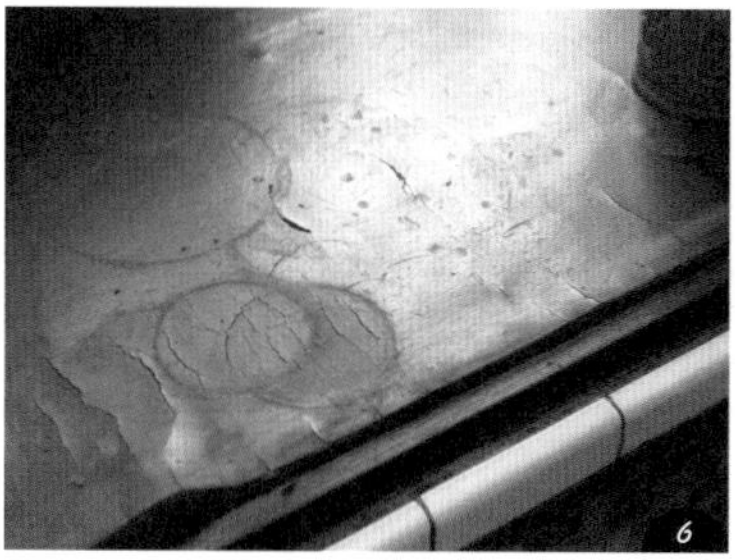
6

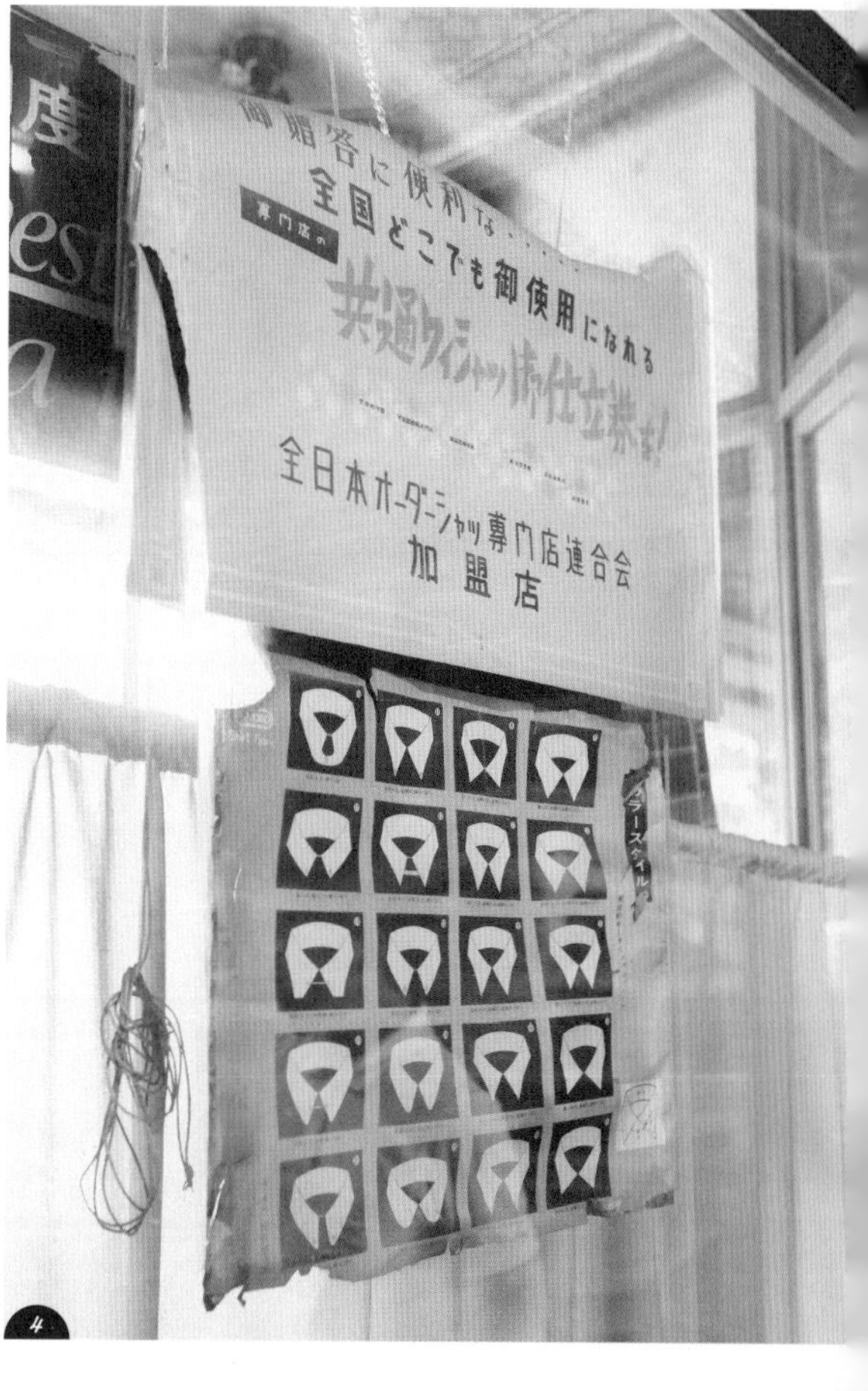

4

どこを切り取っても
歴史が刻まれている

1. 入口の上の窓は換気のために開けることができる。框には数々のプレート群。*2.* オーダーシャツに合わせるネクタイの販売も。*3.* ショーウィンドウ上部の青色のガラスは後から付け替えたもの。*4.* 襟の形のオーダー用ポスター。書体もレトロ。*5.* 天井に残る灯具の吊輪。かつては吊り下げ型の照明が掛けられていた。*6.* ショーウィンドウ底面は、軍艦の甲板にも使用された素材。

旧京粕漬魚久 水天宮店

角地を活かした三面のファサード

京都で料理修行を積んだ清水久蔵が日本橋蛎殻町で「魚久商店」を開業したのは大正3年（1914）のこと。高級鮮魚商としてスタートした魚久は、特に店主が味にこだわって漬けた粕漬けが評判となり、戦後からは粕漬け専門店として事業を拡大していきました。水天宮店は平成11年（1999）まで営業し、現在は倉庫として利用されています。

漆喰と瓦を連想させる白黒のファサードの細部を眺めてみましょう。窓の上にちょこんと載るレリーフ、てっぺんのコーニ

Data
東京都中央区日本橋
人形町1-15
竣工●大正末〜昭和初期

スに縦縞の溝が彫ってあることに気がつけば、洋風建築を模した看板建築だと気付くはず。

　戦前の住宅地図によると、この建物は元々郵便局でした。近代の象徴のような施設ゆえに、洋風のデザインにも納得がいきます。建物は第一線から退いたものの、今も老舗の味を支え続けています。

1. 2階部分のアップ。窓の上に残る控えめなレリーフが、戦前の建物であることを物語る。 *2.* 1階の庇の上には、丸瓦を装飾的に用いている。 *3.* 角地に面して3つのファサードを向けている。シャッターにも屋号。

窓上の小さな装飾も見落とさないで

看板商品のぎんだら京粕漬

伊勢利

足袋屋から創作フレンチへ

店名もそのまま受け継がれている

Data
東京都中央区日本橋
人形町2-6-10
竣工●大正末〜昭和初期

曲線と直線の
混じる屋根に
窓上のアーチ。
細部に宿る美しさ

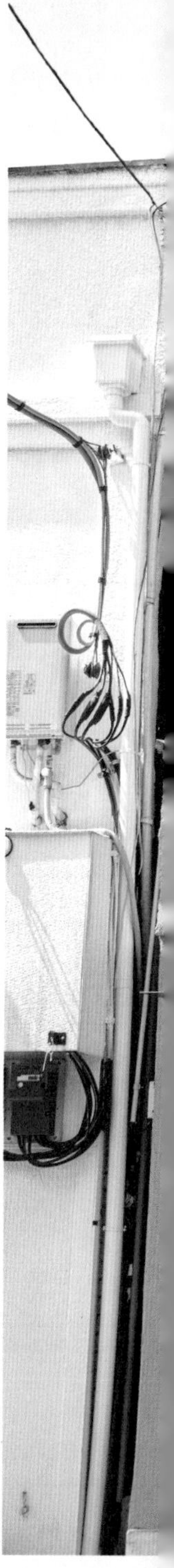

フレンチのシェフと唎酒師《ききざけし》の夫婦が開業した建物は、人形町にある元足袋屋でした。御誂《おあつらえ》足袋《たび》というオーダーメイドの足袋を販売していた伊勢利は、地元で愛されてきた老舗だったことから、店名もそのまま引き継がれています。3、4か月の改修期間を経て、平成27年にオープンしました。

1階はモルタル塗りに瓦葺きの庇を載せて和風料亭のようですが、2階は銅板張りの外壁がそのまま残っています。波打つような凹凸がつけられた上部、その下に緩やかなアーチが架けられた形は、和洋いずれにも解釈できそう。ワインにも日本酒にも合うという創作フレンチに、まさに「おあつらえ」な建築だったのです。

1. 和洋のデザインが混在したファサード部分。 *2.* 瓦葺の庇と「伊勢利」の文字は足袋屋時代から引き継いだもの。 *3.* 最上部は波がうねったような独特な形。

1

改装前は1階に入り口が2つあり、扉を開けると足袋が試着できるよう小上がりになっていました。現在のお店にも入口に段を設けていますが、これは客席を厨房よりも高くすることで、お客さんと目線の高さの差を埋めるためだそうです。1、2階をつなぐ階段は元が急だったので新規で製作。2階も畳敷きだったものを板の間に変更しています。1、2階を店舗とし、3階の増築部分は店のバックヤードになっています。

　店内は露出した梁や板張りの天井が、戦前の長屋建築の中にいることを実感させてくれます。歴史ある建築と、そこで口にする味の芸術作品。この特別な体験を楽しみにくるお客さんも少なくありません。

2

4

5

3

7

2階は当時の雰囲気が
垣間見える空間

6

1. スリットのついた入口扉から自然光がやさしくこぼれる。 *2.* 路地のような飛び石を進むと現れる小上がり。 *3.* 階段は傾斜の緩やかなものに更新した。 *4.* 昔ながらの板張りの天井。墨で書かれた文字が残っている。 *5.* 構造は古い骨組みをそのまま利用している。 *6.* シンプルで古民家の雰囲気を生かした室内デザイン。 *7.* 2階は障子を通して室内にやさしい光が差しこむ。

東京油組 人形町店 旧一誠

下半分は幾度となく姿を変えながら今に残る

Data

東京都中央区日本橋人形町3-4-13

竣工●大正末〜昭和初期

装飾の柱が窓まわりの雰囲気を格上げ

人形町交差点を日本橋方面に進むと、右側にモルタル塗り2階建ての建物が見えてきます。現在油そばのチェーン店が入居しているこの建物は、ひとつ前はたこ焼き店、さらにその前は「一誠」という不動産屋でした。

1階部分は店舗が入れ替わる度にすっかり改装されるため原型を留めていませんが、2階のモルタル人造石洗出し仕上げ部分は今日に至るまで竣工時の姿を残しています。

コーニス部分にあしらった「雷文」と呼ばれる、カクカクした渦巻状の模様が連なる装飾や、2階の窓の両端に設けられた丸柱に注目してみましょう。華美過ぎずアクセント的に装飾を配置した、さながら上品な貴婦人のようです。

1. 1階のタイルは現在のラーメン店が入居後に張られたもの。2階部分には昔ながらのモルタル塗りが残る。 *2.* 最上部のコーニスには雷文。偶然にもラーメンのイメージとも合っている。 *3.* 窓脇の丸柱の上部、装飾が簡略化された柱頭が庇を支える。

魅力的な仕舞屋 ①

「仕舞《しもた》屋《や》」とは、現在は商売をやめてしまった商店をいいます。東京には、魅力的な仕舞屋の看板建築も多く残っています。

旧忍旅館

「旧忍旅館」は周囲に高い建物がなかった当時、白い外壁が不忍池からよく目立ったことから「花園町の白鷺城」とも呼ばれた洋館でした。木造4階建てで、4階部分は壁面を傾斜させたマンサード（ギャンブレル）屋根。1階にはイオニア式の柱を2本並べ、3階にもやや過剰に列柱を配置しています。こうした当時を偲ばれる特徴がよく残っていることから、都選定歴史的建造物に選ばれています。

階ごとに変えられた様式に注目

銀座・築地エリア

Ginza-Tsukiji Areas

八丁堀から築地へと向かうルートがおすすめ。ゴール付近の築地は、築地本願寺や場外市場などの観光スポットが点在する楽しいエリアです。

おすすめルート

- スタート 八丁堀駅
- «
- 1 籠平山崎製作所（P88）
- «
- 2 銀座一丁目の洋風長屋（P84）
- «
- 3 宮川食鳥鶏卵（P82）
- «
- 4 トラヤ薬局（P78）
- «
- 5 築地木村屋（P80）
- «
- 6 海老の大丸（P86）
- «
- ゴール 築地駅

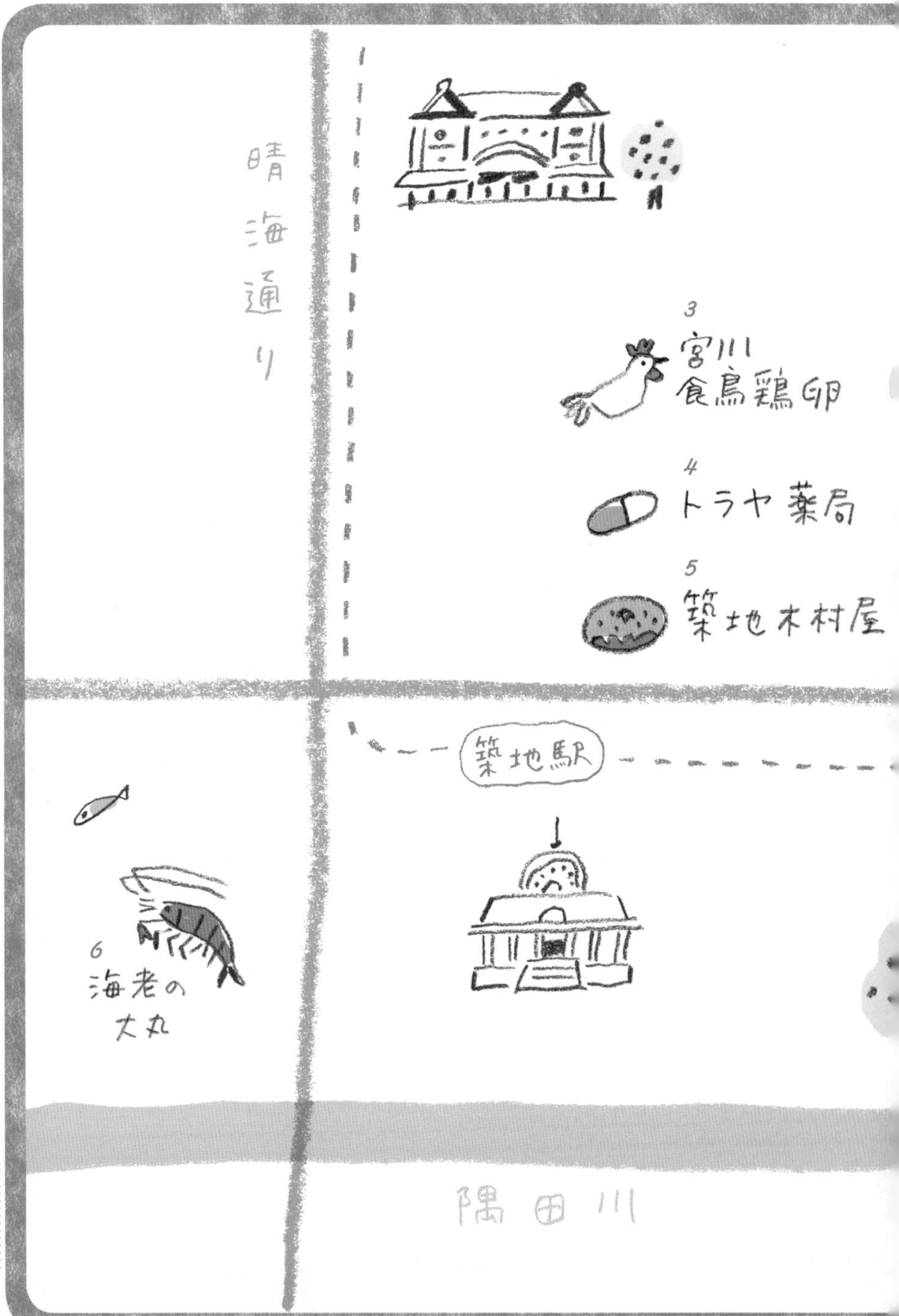
晴海通り
3
宮川
食鳥鶏卵
4
トラヤ薬局
5
築地木村屋
築地駅
6
海老の
大丸
隅田川

トラヤ薬局

ステンドグラスがきらめく和製アール・デコ

築地駅から有楽町方面に向かって歩くと右手に見えるこの建物は、昭和初期頃に開業して以来、現在3代目となるご主人が切り盛りする現役の薬局店舗です。丁寧に修繕を加えながら使い続けられているため、つい最近できた建物のように見えるかもしれません。

建物で最も特徴的なのは2階の窓周り。鮮やかな青緑色の窓枠に、細かい幾何学模様のステンドグラスがはまり、窓の左右はギザギザとした水平のモールディングで飾られています。こうした直線やジグザグといった

1

Data
東京都中央区
築地2-9-6
竣工●大正末期

幾何学的な装飾はアール・デコ様式の特徴で、日本では戦前に流行しました。1階の木製扉にはジグザグの彫刻が施され、扉上に設けられた明り取り用の欄間にも、アール・デコの美しいステンドグラスがはめられています。日本で華開いたアール・デコ様式の粋を、ギュッと凝縮させたような看板建築です。

1. 2階の上げ下げ窓には美しいステンドグラス。ギザギザした外壁も特徴的。 *2.* 扉の上部の欄間にも、幾何学的なステンドグラスがはまる。近くでのぞかないと気が付かない。 *3.* 白い外壁にアクセントカラーの青緑色が、爽やかな印象を与える。

光を浴びて輝く
色とりどりの
ステンドグラス

築地木村屋

2つの小窓がつぶらな瞳に見えてくる

ハートに花、乙女なモチーフの宝庫

Data
東京都中央区
築地2-10-9
竣工●大正末期

細部もファンシーな
老舗パン屋

2

3

地元民憩いの場にもなっているパン屋「築地木村家」は、創業者、内田栄一によって明治41年（1908）創業。明治43年（1910）に銀座木村屋よりのれん分けされ、実に1世紀以上この地で商いをおこなってきました。現在、四代目の内田秀司さんが継ぐ店は、連日多くの人が詰めかける人気店です。

建物は関東大震災以降の大正末期に2階建てとしてつくられ、昭和初期、昭和末期の増改築を経て現在の姿となりました。ファサードにはまるで顔のような目と口がつき、頭上に段状に立ち上げられたパラペットには、花の模様も描かれています。この愛らしいファサードと美味しいパンが、築地の人々に笑顔を運んでいます。

1. ファンシーなファサードは、絵を描くのが得意だった三代目のデッサンを元につくられた。 *2.* 西洋風の看板には「Since 1908」の文字。ドーナツのようなあんぱんのイラストも。 *3.* 人気ベスト3は「罌《け》粟《し》あんぱん」「極上栗あんぱんゴールド」「牛すじ玉ねぎカレーパン」。どれも中身がぎっしり。

宮川食鳥鶏卵

銅板張りの美しさを今に伝える名建築

Data
東京都中央区
築地1-4-7
竣工●1929年

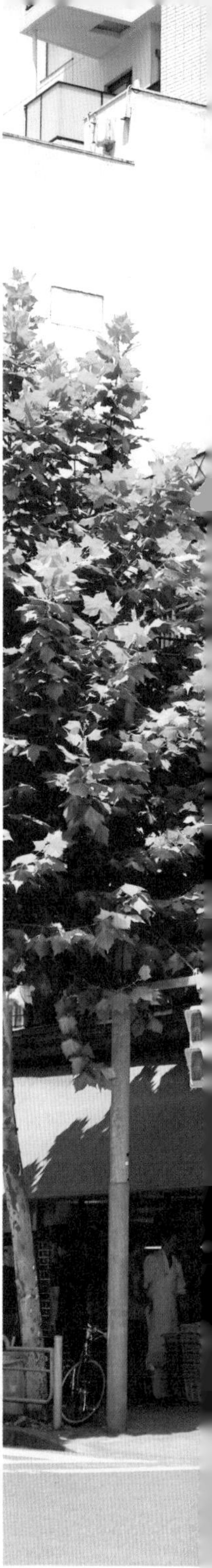

店先には新鮮な鶏肉や
お惣菜が並ぶ

1. 交差点に面するファサードは、軍艦や城壁のような重厚感がある。 2. 窓にはシンプルかつ合理的なデザインの小さな木製手すり。窓のパターンも特徴的。

「築地木村屋」からさらに有楽町方面へと足を進めると、交差点に重厚な外観の建物が目に留まります。「宮川食鳥鶏卵」は明治時代からこの地で商いを続けてきた鶏肉の専門店。捌かれたばかりの新鮮な鶏肉を求めて、連日多くの人が詰めかけます。

建物は昭和4年（1929）に建てられた銅板張りの木造3階建て。戦前の右横書きの看板や、銅板で描かれた数々の模様などのディテールもあいまって貫禄十分です。緑青が黒ずんで見えるのは、空気中に含まれる自動車の排気ガスによるもので、それだけ交通量の多い場所に建っている証拠。

この地に根ざした歴史ある佇まいが評価され、「都選定歴史的建造物」に選定されています。

窓上のコーニスは
各階ごとに異なる模様

3階・亀甲

2階・菱葺《ひしぶき》

1階・七宝《しっぽう》

銀座一丁目の洋風長屋

モルタル三色使いのおしゃれ長屋

Data
SOYA・緑
東京都中央区
銀座1-22-12
竣工●大正末期

西洋風の建物に 東洋風な柳の木

銀座一丁目駅と新富町駅のほぼ中間に、昔ながらの三軒長屋が建っています。現在は飲食店などの店舗が並び、なかには3階まで客席を設けている店もあります。

外壁はベージュ、橙、緑と3色のカラフルなモルタル塗り。中央のパラペットをアーチ状に立ち上げ、そこに唐草模様をあしらったレリーフをアクセントに置いて、洋風建築であることを主張しています。ところが窓の位置に注目してみると、バラバラなことに気づきます。日本的な非対称の美か、はたまた偶然そうなってしまったのか定かではありませんが、左右対称を善しとする西洋の古典建築ではありえないことが、ここでは起きているのです。

1. 外壁は3色のモルタルでカラフルに構成。中央の窓はセンターより少し右寄り。 *2.* 中央の窓のみ、鉄製の古い手すりが残され、左右は新しいものに付け替えられている。

十字架のような
レリーフがワンポイント

海老の大丸

貴重な籠目の戸袋と大きな菱形

かつて世界最大級の水産市場であった築地市場。市場としての機能が豊洲市場に移転した後も、海産物を扱う飲食店や市場の雰囲気が残る街並みを求めて、多くの外国人が訪れる観光地となっています。その喧騒から少し離れた築地場外市場の一角に建つ「海老の大丸」は、創業昭和34年（1959）。海老を扱う卸売店として名高く、世界各地から仕入れた品物を、高級料亭や旅館、一流レストランなどに卸しているそうです。

建物は戦前の銅板建築で、戦後に増築したとみられ、ピンク

ピンク色のトタンに
銅板が引き立つ

Data
東京都中央区
築地6-21-7
竣工●大正末〜昭和初期

色の外壁が銅板の上からも伸びています。注目すべきは戸袋の文様。「籠目網代」と呼ばれる、かごを編んだような日本の伝統的な文様が用いられており、現在ではほとんど見かけることがありません。窓上の菱形模様も、まっすぐ張ることに飽き足らなかった職人の遊び心が垣間見えます。

1. 緑青のふいた銅板張りの戸袋は、「籠目網代」文様があしらわれている。 *2.* 窓の上には小さな菱形が組み合わさった大きな菱形の模様。

近くで見つけた

かわいい看板建築

付近に建つ「マルサン三軒家」は選び抜かれた鰹節が有名。二面を銅板で覆った3階建ての建物は、通りを歩いていてもよく目立つ。

籠平山崎製作所

ミントグリーンが乙女心をくすぐる

中央区湊は外国人居留地の一部であったことから、戦争での焼失を免れたエリア。ビルの谷間にひっそりと佇むこの店は、江戸時代から200年以上続く老舗の竹籠工場です。

大正後期に建てられたという建物は、まるで西部劇の世界に迷い込んだような外観です。外壁は、洋館にみられる木板の長手方向を水平に張る「下見板張り」で、銅板やタイルといった不燃材料で覆うことが一般的だった町家建築では珍しいもの。

細部に目を凝らしてみましょう。2階には水色の縁がまわさ

1

バケツを組み合わせた袖看板が目印

Data
東京都中央区湊1-9-4
竣工●大正後期

れた洋風の縦長窓が並び、その上の庇はアール・デコ風に彫込みがされた3つの持送りで支えられています。角の柱に見られるネクタイのような装飾は、戦前の洋品店などで好んで用いられました。

当時の店主が夢に描いたハイカラ趣味を随所に詰め込んだ、見応えのある建物です。

2

1. ややピンクがかった外壁に、水色やミントグリーンの縁取りが鮮やかに映える。 *2.* 2階の庇を支えるL型の持送りには、アール・デコ風の幾何学模様が彫り込まれている。 *3.* 1階の梁端部には唐草模様をあしらう。 *4.* 2階の角の柱には真っ白なネクタイ風の装飾。

3

4

屋根には宝石のような菱形の装飾

魅力的な仕舞屋 ②

旧早川商店（金太郎飴専門店）

「旧早川商店」は浅草橋に建っている元飴屋さん。飴の販売だけでなく、店の奥で製造も行っていました。2階から上は縦長窓と3つのアーチが特徴的な銅板張りが、そのまま残されています。

旧井筒屋（和菓子屋・甘味喫茶）

かつて和菓子屋と甘味喫茶だった新富町の「旧井筒屋」は、銅板張りの三階建て。3階部分は途中で折れ曲がったマンサード（ギャンブレル）屋根で、当時は屋根裏をもつ2階建てとして認められていました。

3つの縦長窓がおしゃれな飴屋さん

マンサード屋根は看板建築の代名詞

品川・芝・高輪エリア

Shinagawa-Shiba-Takanawa Areas

品川エリアMAP

京急本線沿いにスポットが点在しているので、電車移動が必要なエリアです。ぜひ、ランチは創作イタリアンの人気店・居残り連で。

おすすめルート

スタート 田町駅
«
1 たばこ吉川屋（P106）
«
田町駅
« JR山手線
品川駅
«
2 三徳部品（P96）
«
品川駅
« 京急本線
青物横丁駅
«
3 みの屋海苔店（P102）
«
4 星野金物店（P94）
«
5 居残り連（P108）
«
ゴール 北品川駅 or 品川駅

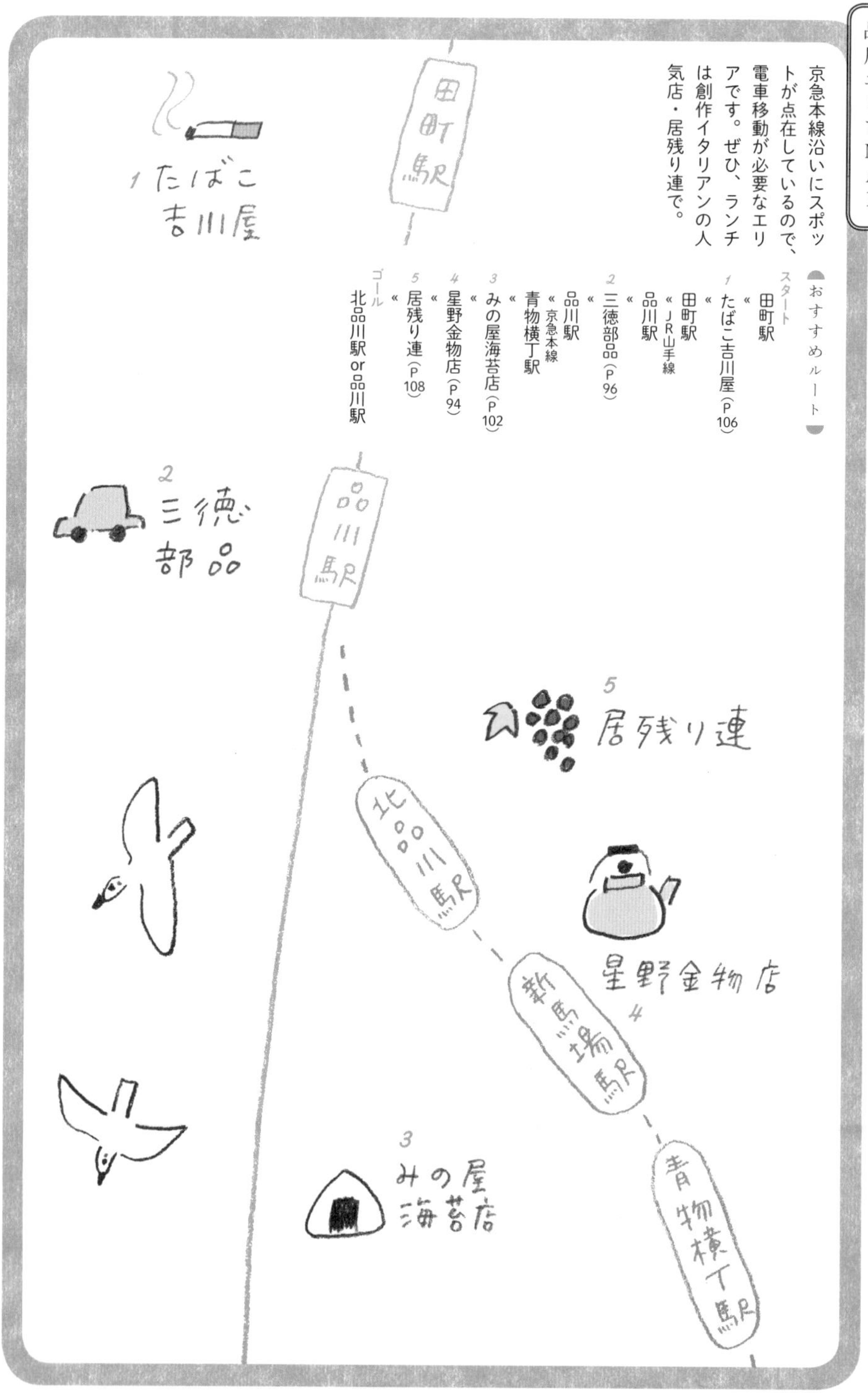

芝エリアMAP

昭和レトロな炭やす（P104）と、最先端の虎ノ門ヒルズ。新旧のギャップが楽しめます。

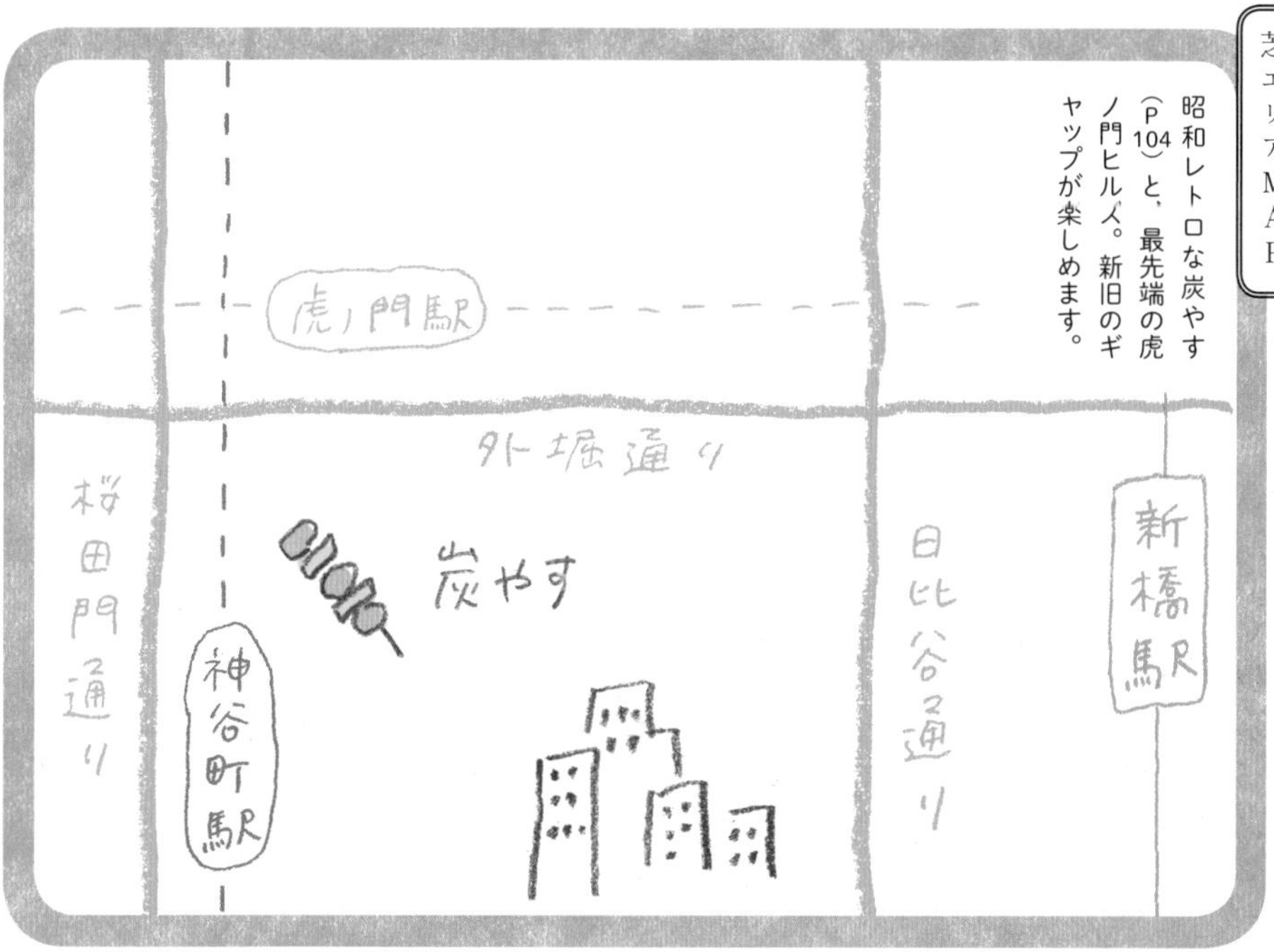

高輪エリアMAP

広尾駅と恵比寿駅から徒歩で行ける白金北里通り商店街（P98）には、看板建築のほか、同時代の建物が残っています。

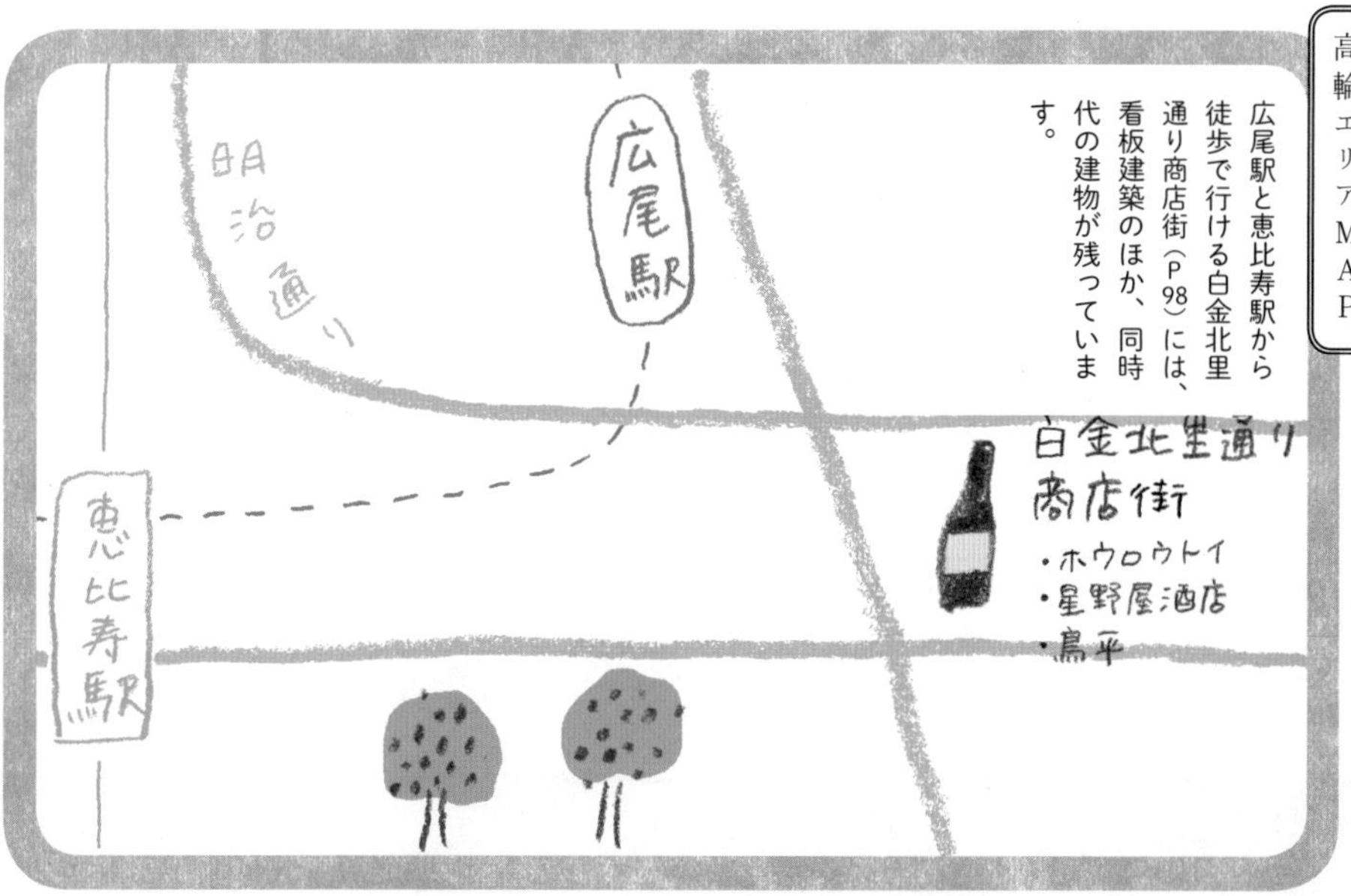

星野金物店

黄金色のタイルと緑青のコントラスト

旧東海道の第一宿である品川宿は、江戸港の港町として栄え、由緒ある社寺が残る風情のある町です。その旧東海道沿いに建つ「星野金物店」は明治から続く金物店で、四代目の店主が店を守り続けています。

建物は明治末期から大正頃の竣工。当時は平屋建てとして建てられましたが、震災後の昭和1、2年頃に2階を増築しました。そのため1階と2階の上部それぞれに山型に立ち上げられたパラペットが残るのも特徴です。また、敷地が道路に対して斜めに振れているので、1階は

三角や四角を組み合わせた木枠の窓

Data
東京都品川区
北品川1-28-8
竣工●明治末期〜大正頃

道路に沿って張り出し、２階の壁面と平行になっていません。そうした構成の複雑さが、見る者に不思議な印象を与えるのかもしれません。

１階パラペットの下の右書き文字、２階の窓枠の幾何学模様やスクラッチタイルなど、戦前の建物であることを物語る部分が随所に残る歴史的建造物です。

1..2階の右側の窓にのみアール・デコ調の持送りが残る。窓に直接つけるタイプの空調機を設けていた跡とみられる。 2. 雨樋も全て銅板製で、リボンの装飾も。細部までデザインされている。 3.1階は道路に沿って斜めに張り出しているため、少し不思議な奥行感がある。

1

三徳部品

ミントグリーンに変色した銅板が目を引く

Data
東京都港区
高輪3-22-7
竣工●大正末〜昭和初期

近代的なオフィスビルの間で存在感を放つ

1. 鮮やかな緑青に包まれたファサードが残る。すぐ裏手は高層ビル群。 2. 銅板から木の下見板張りに切り替わる部分。単純な直方体にはない構成の面白さが凝縮されている。

国道15号（第一京浜）は関東大震災の復興事業として昭和5年（1930）に整備された道路で、初めて自動車の通行を意識してつくられました。その道路沿いに建つこの銅板建築は、もともと別の商店だったものを戦後になって自動車部品の卸売をおこなう会社が買い取り、社屋の一部として使用しています。

道路の形状に沿って緩やかに角度がつけられた銅板張りのファサードは、鮮やかな緑青が印象的。戸袋のデザインに注目してみると、左側から「麻の葉」、「青海波」、「菱葺＋亀甲」というようにそれぞれ江戸の文様で飾られていることがわかります。高層化が著しい品川駅近くに残された、まさしく昭和の生き証人です。

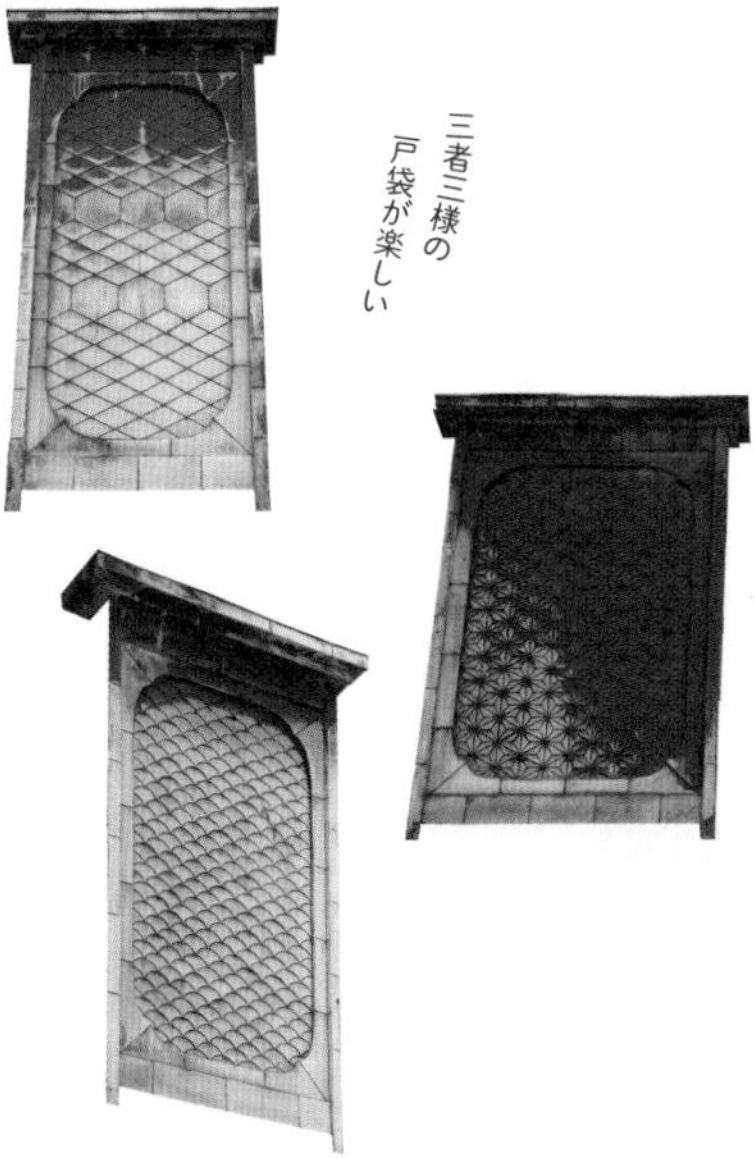

三者三様の戸袋が楽しい

白金北里通り商店街

不思議なレリーフ あなたの推理は？

港区白金は江戸時代に大名屋敷が数多く置かれた名残で、大邸宅や緑地の多い高級住宅地というイメージがありますが、白金北里通りはモルタル塗りの看板建築が連なる、下町情緒あふれる商店街です。

写真の二軒長屋のうち、手前の「星野酒店」と「ホウロウトイ」は昭和2年（1927）竣工。右柱の角に掲げられたひょうたんのレリーフがユニークです。右の提灯が下げられたお店は「鳥平」という居酒屋で、以前はクリーニング店とのこと。その奥も元々文具屋でした。柱の上部

周りより少し背の高い四軒

Data
星野屋酒店・ホウロウトイ・鳥平
東京都港区白金5-14-7,8
竣工●昭和初期

にメダイヨン風のレリーフを設け、窓の上には植物のレリーフを並べています。

現在は飲食店が増えたものの、かつては生活を支えるお店を中心とした地域密着型の商店街でした。白金北里通りにはこの他にも複数の看板建築が残されているので、ぜひ探してみてください。

焼き鳥屋さんの赤い提灯が目印

1. モルタル塗りの看板建築が連なる商店街。庶民派の商店が軒を連ねている。 2. 左側の建物の柱には葉付きのひょうたん、その隣にはリボンで束ねた月桂樹、右側の建物の柱にはメダイヨン風の飾り板がレリーフで描かれている。

近くで見つけた

かわいい看板建築

白金北里通り沿いにモルタル塗りの仕舞屋を発見。「清水畳店」はモダンな外観の元畳屋さん。3つの角に張ったスクラッチタイルが印象的。時々、商店街のイベントで1階を開放することもあるそう。白金北里通り商店街に足を運んだ際は、ぜひこちらもチェック。

1. 立ち上がりが切れて屋根につながる部分があるのは、看板建築の特徴。 *2.* 角柱はスクラッチタイル張りで、柱頭部分にダイヤ柄をあしらっている。 *3.* 1階窓上の欄間に設けられた格子の模様が洒落ている。 *4.* 白金北里通りに対して斜めに建つ。「清水畳店」と看板が残されているが、現在は仕舞屋となっている。

4

みの屋海苔店 小売部

珍しい横長の戸袋が看板代わり

Data
東京都品川区
南品川6-7-22
竣工●大正末〜昭和初期

青みの強い印象的な銅板の色

海苔の老舗「みの屋」の創業は大正元年（１９１２）。実に１００年以上もの間、代々海苔の販売をおこなってきました。初代・米吉は長野県上諏訪の出身。雪深い冬に上京し海苔の収穫を手伝っていたことから、東京の海苔業者には長野県出身者が多いといいます。この南品川の店舗のほか、戦後には築地にも店舗を構え、一般客や業者向けに海苔を販売しています。

建物はゼームス坂通りに面して建つ銅板張りの二軒長屋ですが、戸袋を中心に置き、外壁よりも細かい銅板を張り、中に屋号と店名を掲げているのが大きな特徴。またコーニスと柱の直交する部分も銅板の張り方を変えるなど、ささやかなこだわりが感じられます。

2

1. 元々は2軒に分かれていた。1階部分は境界の壁が取り払われている。 2. 2階中央の戸袋の細かい銅板がアクセントに。木製の屋号が味わい深い。 3. 側面のトタンは鮮やかな水色で、ファサードの銅板とのコントラストが面白い。

3

炭やす

窓周りにかわいさが集約

江戸時代は武家地、寺社地だった港区虎ノ門。虎ノ門ヒルズを皮切りに旺盛な再開発が続き、巨大なオフィスビルやタワーマンションが林立するエリアへと変貌しつつあります。この虎ノ門ヒルズの向かいに建つ「炭やす」は、地元で親しまれてきた昔ながらの焼き鳥屋さん。平日のお昼時には弁当販売も行われ、オフィスワーカーを中心に人気があります。

外壁は3つの縦長窓の周りにアーチがあしらわれたモルタル塗り。窓と窓の間にはリボンのような装飾が置かれ、シンプル

1

鉛筆で描いたような華奢な線がおしゃれ

Data
東京都港区
虎ノ門3-8-4
竣工●大正末〜昭和初期

ながらも小洒落た印象を与えます。目地割りに注目してみると、アーチの端部と縦目地がきれいに一致していて、看板建築にしては緻密な計算が施されたファサードだと気付かされます。この計算づくで左右対称につくられたファリードによって、視覚的な安定感が演出されているのです。

1. アーチ形の三連窓とその装飾部分。目地割りがきちんとデザインされている。 2. 斜め横から見ると、アーチよりも上の部分は衝立状に立ち上げられていることがわかる。 3. 昔ながらの木造長屋の佇まいは、このエリアでは珍しくなってしまった。

たばこ吉川屋 旧南文堂

かつては小学生でにぎわった文房具店

Data
東京都港区芝5-29-2
竣工●1950年頃

新旧の店名が上下に並ぶ

都営地下鉄三田駅から出てすぐの通りに、小さなタバコ店があります。もともと「吉川屋」という文具屋でしたが、旧南海小学校（現在の三田図書館）に隣接した文房具店ということで「南文堂」とも名づけられていました。40年以上前からタバコの販売店として「吉川屋」の名が復活し、現在に至ります。

建物は昭和25年（１９５０）頃に大工棟梁である伊東三次郎が自邸として建築した、モルタル塗りの三階建て。時の日銀総裁の茶室造営に関わったこともあり、室内には数奇屋の要素を取り入れています。3階には四面で構成されたマンサード（ギャンブレル）屋根もみられ、戦前の看板建築を踏襲したつくりになっています。

1. 青いテントが目を引く店構え。3階部分はマンサード（ギャンブレル）屋根と呼ばれる複数の面をもつ屋根。
2. 2階部分にはかつての店名「南文堂」も残されている。
3. 入口には、温かみのある昔ながらの木製引戸。

居残り連 旧荒井家

落語ファンも集う 創作イタリアン

1

柱の頭にリボン風のレリーフ

Data
東京都品川区
北品川1-22-4
竣工●大正末〜昭和初期

青々と茂るのは
ブドウのツタ

品川駅から八ツ山通りを南に進むと、鮮やかな銅板張りの建物が見えてきます。「居残り連」という名前の由来は、この地に江戸落語「居残り左平次」に登場する鰻の名店「荒井家」があったことから、その落語にあやかってつけられたもの。店主の植島さんが空き家だった建物を引き取り、2007年にオープンしたイタリア料理店です。

当初1階が店舗で2階は住宅だったものを、カウンター席と厨房、テーブル席に改装。隣接する家も買い取り、壁を抜いて店を広げ、急だった階段もつけかえるという大工事でした。外壁に絡むツタはぶどうで、毎年10本ほどのワインになるんだとか。店の名のように、いつまでも居残ってほしい建物です。

2

1. 窓ほどある大きな木製看板の「連」の字が目印。夜は全体がライトアップされ、ムーディーに。 2. 新設された入口も、表の雰囲気を壊していない。 3. 都心の交差点に実る大粒のぶどうは、ワイン専用品種の「甲州」。

3

1. 2階のテーブル席。窓が低い位置にあるのは、かつて座敷だった証拠。 *2.* 隣の家との境界にあった柱。今は壁が取り払われ、ひと続きになっている。 *3.* 窓の型ガラスには植物の模様。

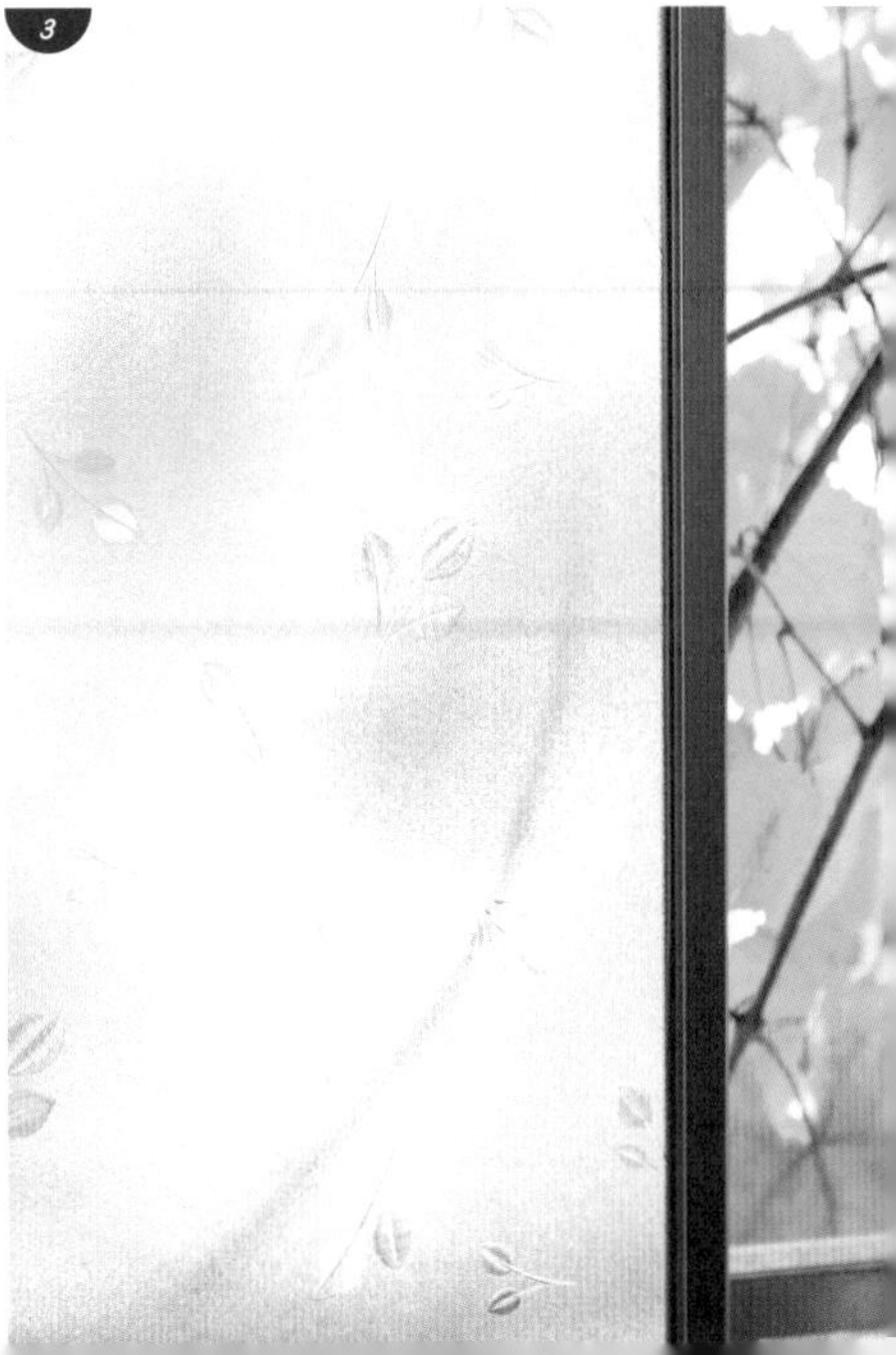

一つの空間に
いろんな模様の
型板ガラス

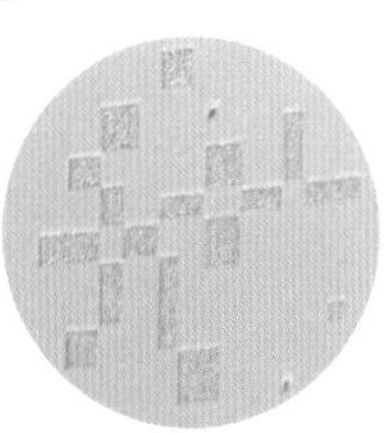

台東・墨田エリア

Taito-Sumida Areas

台東・墨田エリアMAP

最大で13分ほど徒歩移動のあるルート。天気のいい日に、休憩を挟みつつゆっくり散歩するのがおすすめ。商店街やリノベーションカフェなど、偶然の出会いも楽しいエリアです。電車を乗り継いで回る場合は、お得な一日乗車券が便利です。

おすすめルート

スタート
押上駅
«
1 千代田不動産（P128）
«
押上駅
« 都営浅草線
浅草橋駅
«
2 人形の昇玉（P126）
«
3 大佐和老舗（P120）
«
4 ALMOST PERFECT（P114）
«
5 エコハート（P118）
«
上野駅
« 東京メトロ日比谷線
入谷駅

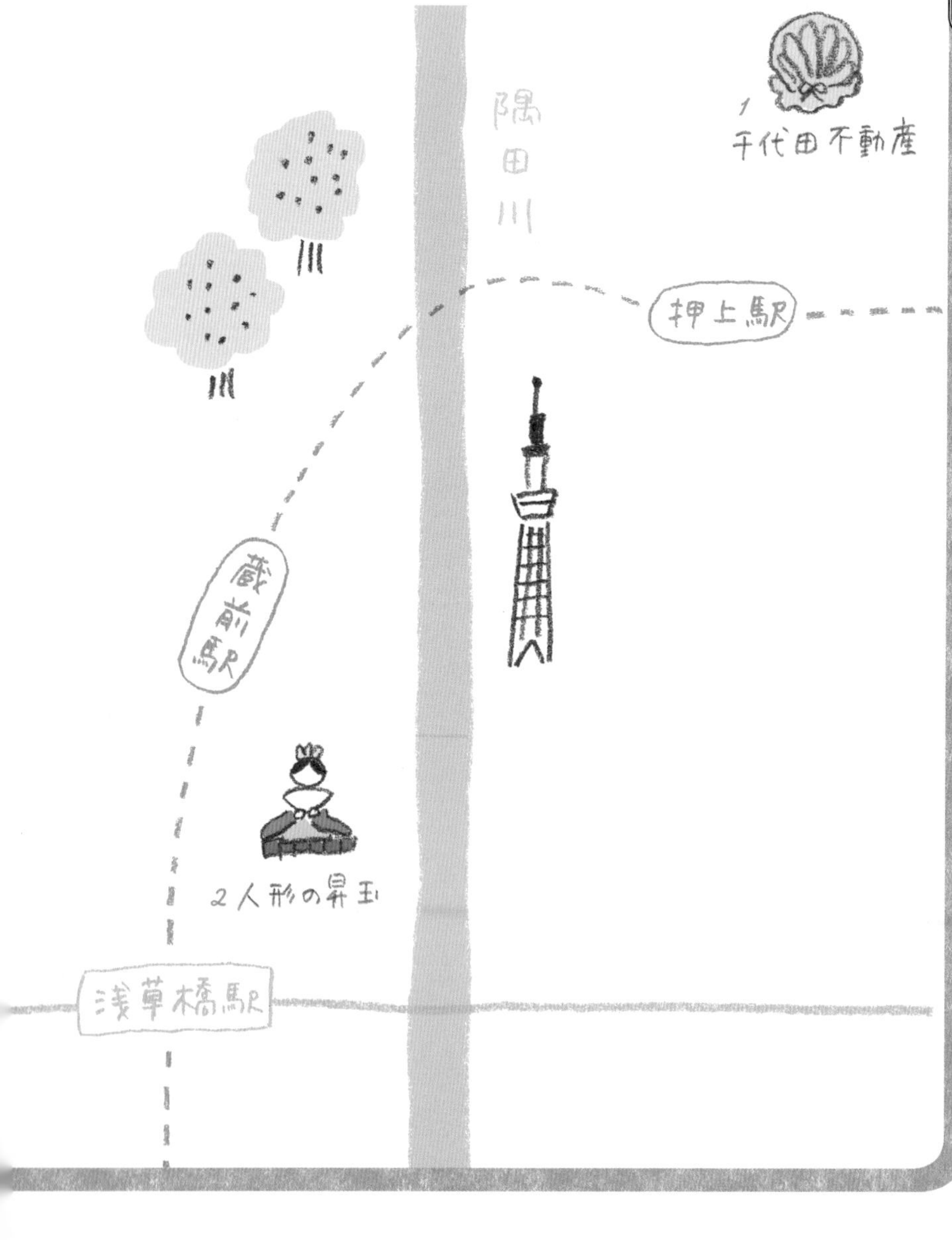

6 鈴木食品工業（P122）
«
入谷駅
« 東京メトロ日比谷線
仲御徒町駅
«
7 湯島の二軒長屋（P124）
«
ゴール
湯島駅

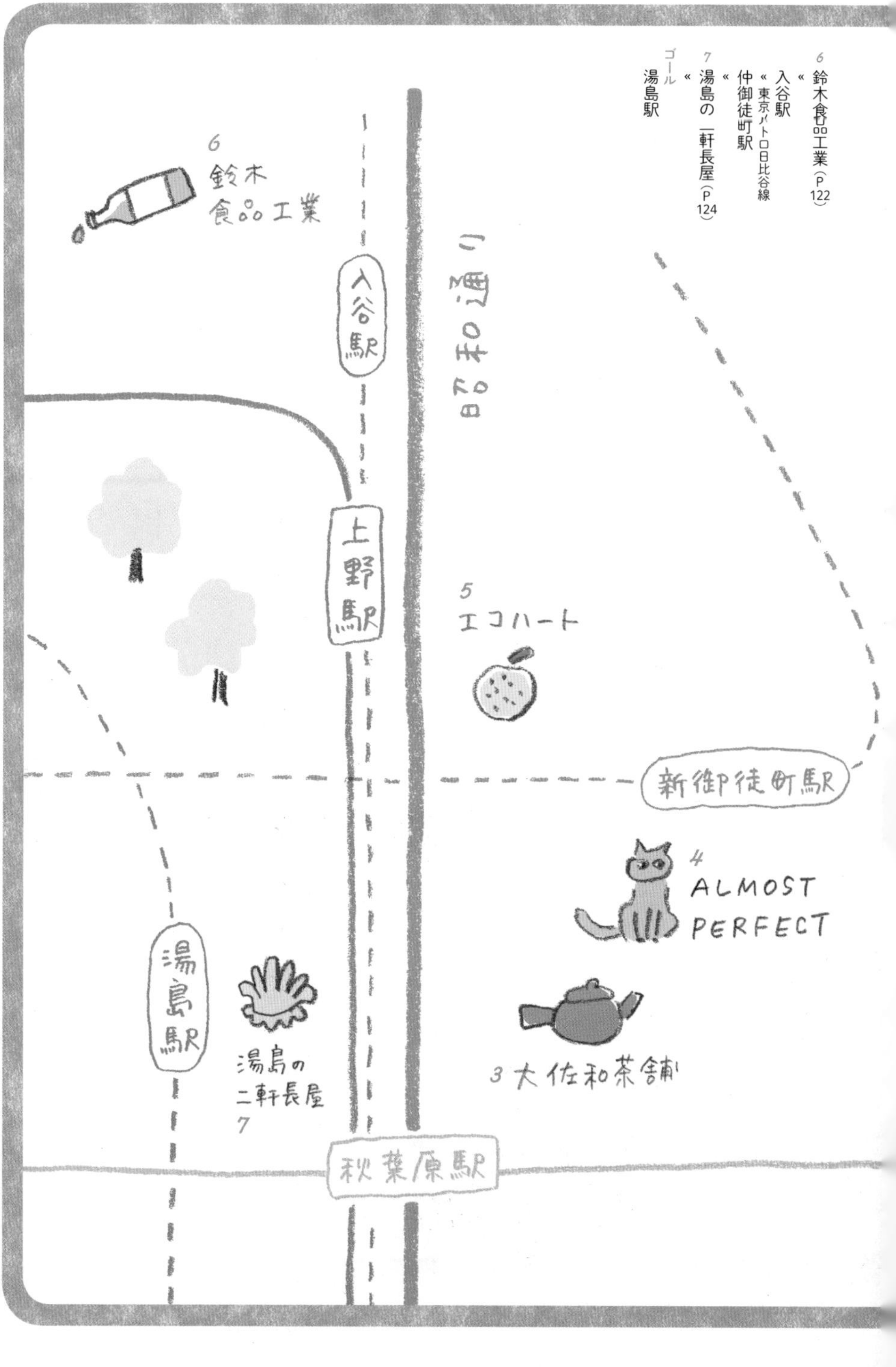

ALMOST PERFECT 旧浅井精米店

下町の精米店が
海外アーティストの拠点に

精米店時代の袖看板はそのままに

Data
東京都台東区小島2-3-2
竣工●1924年

アシンメトリーな珍しい戸袋

台東区小島に、精米店兼住宅を改装したギャラリー&アーティストレジデンスがあります。ご主人の「完璧なものはありえない」という信念から名づけられた「ALMOST PERFECT（ほぼ完璧）」は、2か月の改修期間を経て生まれ変わりました。

建物は関東大震災の翌年、大正13年（1924）の築。救援物資としてアメリカから送られた木材でできた梁が、今も残ります。シンプルで装飾が少ないのは、限られた物資のなかで必要最低限につくられたため。それでも地震や戦災に耐え、100年近く残りました。

大きさの違う左右の戸袋、控えめに差し込まれた青い瓦が、外観にピリッとした非凡さを与えています。

1.「浅井精米店」の文字はそのまま。夏には、増築された屋上で開放的にシャワーを浴びることもあるそう。 2.看板猫は保護猫のセニョール(♂)。窓際、電子ピアノの上から通りを眺めるのがお気に入り。 3.2階の手すりにはハート型の装飾も。

1

建物に足を踏み入れると、2台の巨大な精米機が目に飛び込んできます。改修の際に取り外しが困難という理由で残したものですが、インテリアに自然となじんでいます。改修では壁を白壁に直し、扉を塗りなおした程度で、床と天井は昔のまま。家具や雑貨は骨董市やフリーマーケットで揃え、日本の文化に触れられるような設えとしています。2階にあるルイスさんの仕事机は、押入れの扉を取ってリノベーション。広くて使い勝手がよさそうです。

ヨーロッパからの利用者が多く、滞在しながら作品を制作します。異文化に触れ、他のアーティストの作品にも触れられる空間からは、素晴らしいインスピレーションが得られそうです。

精米機もインテリアの一部のようなギャラリー

3

2

アートを愛するルイスさん、有加さん夫妻

日本の古いものを取り入れた
おしゃれな空間

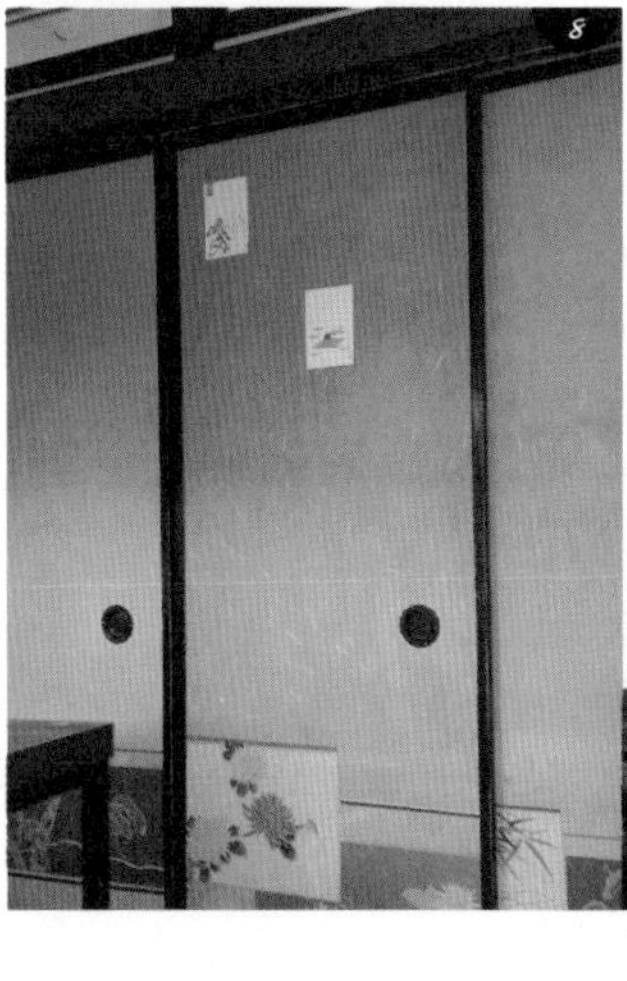

1. 精米店時代、店内で直焚きしていたことから、床や天井が煤けている。それがいい味わいに。 2. 滞在者のアート作品を購入できる。 3. 巨大な精米機は海外から来る滞在者にも人気。 4. 奥行きのある押し入れは、イラストレーターのルイスさんの作業机として有効活用。 5. 2階の居室部分の欄間は、ご近所の木工職人さんによる仕事。6. 1階トイレには、改修前の壁がちらり。米俵をぶつけても耐えられるように、内壁は頑丈なトタンが使われた。 7. 腰掛けたり、中に物をしまったり、便利な茶箱。 8. 襖に貼られた手作りのポストカードは、ご近所さんからのプレゼント。

エコハート 旧 堀内歯科医院

華美な装飾のない
モダンな佇まい

よくみると"堀内歯科医院"の文字が……

Data

東京都台東区
東上野3-25-3
竣工●大正末～昭和初期

戦前から
ほとんど変わらない
下町情緒

ザボン木工細工の製造販売をしている「エコハート」は、元々現在の店主の父が営む歯科医院でした。建物は築90年以上の銅板建築で、隣の住宅も含んだ五軒長屋の一部。九州から上京した現在の店主の父が堀内歯科医院を開業した時には、既にこの建物は建っていたといいます。1階はモルタル塗りで、歯科医らしい洋風の縦長窓や、玄関の観音開きの扉がそのまま残されています。

ザボンは、九州ではメジャーな柑橘の木で、エコハートではスプーンなどを製作しています。

材料となるザボンの木は、なんと裏庭に。店主が子どものころ、当時のお手伝いさんが種を植えたものが、多くの実がなる巨木に成長したのだそうです。

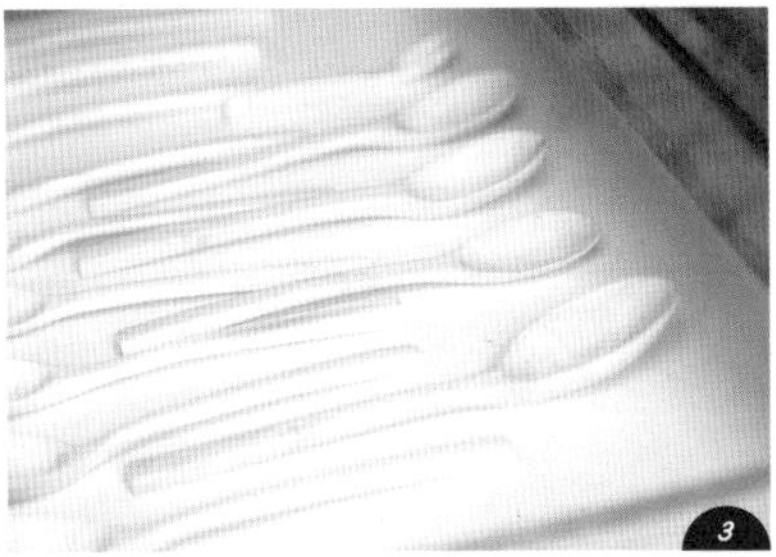

1. モルタル塗りと銅板張りが共存するファサード。 *2.* 裏庭に生えるザボンの巨木。多い年では300個ものザボンの実がなるそう。 *3.* 硬くて丈夫なザボンのスプーンなどは店頭で購入可。

大佐和老舗 鳥越店

花柄やグラデーションのタイルが華やか

台東区鳥越の「おかず横丁」は、惣菜店や酒店といった日常使いのお店が並ぶ昔ながらの商店街。第二次世界大戦中の戦災を奇跡的に免れたため、戦前の建物が集中して残されています。その中に建つ「大佐和老舗」は創業嘉永5年（1852）。代々この地で営業してきた老舗の茶と海苔の専門店で、静岡茶や静岡茶をベースにしたブレンド茶を取りそろえています。

建物は築100年程度というモルタル塗り木造二階建てで、最上部の中央を一段高く上げた洋風のつくり。花柄のタイルや、

1

マジョリカタイルが新鮮な印象！

Data
東京都台東区鳥越1-10
竣工●大正末～昭和初期

青緑色の帯状にタイルを用いて、外観のアクセントにしています。

歴史を感じさせる右横書きの店名や、その下に茶壷のレリーフを等間隔で並べているところも見逃せません。本店を湯島に移し、関東広域に店舗展開する企業に成長した現在でも、大佐和老舗にとってこの鳥越店は特別な存在だといわれています。

静岡茶を中心に取りそろえる老舗

1. ファサードには花模様と青緑色のタイルがアクセントとして用いられている。 *2.* 商店街の並びにありながら間口は広く、堂々とした店構え。 *3.* お茶を連想させる茶壷のレリーフに、遊びごころを感じる。

鈴木食品工業

令和に残った貫禄の佇まい

台東区の金杉通りはその昔、奥州街道裏道とも呼ばれ、江戸時代から活気のある通りでした。この通りに面して建つ「鈴木食品工業」は、安政年間に食品販売の店として創業。昭和9年（1934）にはソース類、戦後にはドレッシングの製造を開始し、現在では航空機内食やホテル、レストランなどで使われる業務用商品の製造・販売をおこなう老舗の企業です。

建物は以前「宮本不動産」という不動産屋が入っていたものを、隣接するこの会社が買い取り、社屋として使っています。

青枠の窓とワンポイントのタイル使いがハイカラ

Data
東京都台東区
根岸3-16-17
竣工●大正末〜昭和初期

外壁は2色のモルタル塗りで、2階の腰壁はタイル張り。横に長いファサードの中央には半円形にパラペットを立ち上げ、単調にならないような配慮が見られます。鮮やかなスカイブルーの窓枠も昔ながらの木製。戦前の雰囲気が色濃く残されているにも関わらず、あまり知られていない穴場な看板建築です。

2

3

1. 看板建築は縦長のものが多い中で、これだけ一軒の間口が広いものは都内でも珍しい。*2.* 屋根上部の柱型を突き出して西洋風にするのが流行した。*3.* 右に隣接する青い瓦が印象的な建物もこの会社が所有。こちらは戦後の建築とみられる。

湯島の二軒長屋

かつての賑わいに
思いをはせて

パラペットには
装飾的な小アーチ

Data
鳥料理川中島ほか
東京都台東区上野1-6-4
竣工●大正末〜昭和初期

1. 震災後に建てられた標準的なモルタル塗り二軒長屋。窓上の花のようなレリーフが目を引く。パラペットのロンバルディア帯も、アーチ部分や端部に段をつけた、凝ったつくり。 *2.* 2019年に解体されてしまった右隣の五軒長屋。店ごとに異なるレリーフも今は幻に。

関東大震災後、区画整理によって敷地が短冊状に細長くなったことを受け、一つの建物の中に壁を設けて複数の所有者に分譲する「長屋建《ながやだて》」のバラックが数多くつくられました。この建て方は境界の壁が１枚のみのため、スペースを節約することができたのです。湯島にあるこの二軒長屋と隣接する五軒長屋（２０１９年10月に解体）は、その典型例とも言うべき建築。

最上部のコーニスの下に小さなアーチが連続したロンバルディア帯と呼ばれる装飾をあしらい、さらにその下に屋号やイニシャルなど、店それぞれの個性をレリーフで表現していました。この７軒が並んだ姿は実に壮観だっただけに、五軒長屋の解体が悔やまれます。

今はなき個性的なモチーフたち

人形の昇玉

まるで中華どんぶりのような組み合わせ

1

Data
東京都台東区
柳橋1-24-2
竣工●大正末〜昭和初期

表彰台のように立ち上がった屋根回り

浅草橋、柳橋一帯は江戸時代創業の久月、吉徳をはじめとした人形問屋街で、十数軒の人形問屋が軒を連ねています。

戦後に商売を始めた「昇玉」は、昭和末期に看板建築である現在の建物を購入し販売店としました。車通りの多い江戸通りから一本内側のこの街区は、奇跡的に空襲被害を逃れたため、戦前の建物がいくつか残されています。

角地に面して向ける2面のファサードは、ベンガラ色に塗られたモルタル人造石洗出し仕上げ。コーニスは一方の中央を一段高く上げて正面をつくり、下部に幾何学的な渦巻模様である雷文を回しています。かつては石張り風の重厚なデザインだったことがうかがえます。

2

1. 角地に面して2面を装飾した看板建築。2階窓の縦格子は後からつけたもの。 *2.* コーニスの雷文と2階の窓まわり。細かな彫り込みが確認できる。 *3.* 道行く人を和ませるショーウィンドウのつるし雛。

3

千代田不動産

2段に連なる緑の洋風瓦が目をひきつける

墨田区京島は戦災を受けなかったため、戦前の建物が数多く残っている地区のひとつです。なかでも曳舟駅から南東に伸びる「曳舟たから通り」沿いは、戦前の看板建築が建ち並ぶエリア。通りで特に目を引くこの褐色の四軒長屋は、3軒が仕舞屋になったものの、この地で50年ほど続く不動産屋が入っています。店主によれば、左から青果店、千代田不動産、茶屋、履物店という並びだったそうです。

外壁は赤い玉石を混ぜたモルタル塗りで、碧色のスパニッシュ（S形）瓦を2列、アクセン

かつては多くの商店が並び
にぎわっていた

Data
東京都墨田区
京島2-20-10
竣工●大正末〜昭和初期

ト的に挿入。柱型には簡略化した柱頭飾り、その上に貝殻にも花にも見えるレリーフが置かれています。窓枠もほとんどがアルミサッシに更新されていますが、旧青果店の欄間部分に昔ながらの木枠とガラスが残されています。戦前の流行を取り入れたモダンな建物だったことがうかがえます。

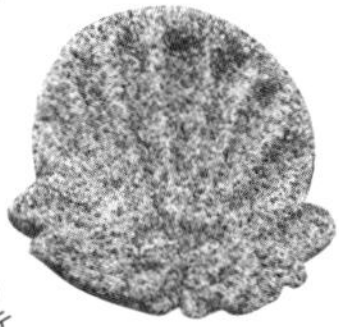

柱の上部に鎮座するのはホタテ貝?

1.5本の柱型で区切られた四軒長屋。所有する面積によって窓の数が違う。 2.窓上部、欄間は昔のままの木製枠とガラス。左右にスライドできる引き違い窓は戦後のものだが、型板ガラスの模様がレトロ。

魅力的な仕舞屋 ③

旧岩瀬博美商店（乳製品の製造・販売）

銀座に佇む「岩瀬博美商店」は、乳製品の卸問屋からスタートし、自社で牛乳やバターも販売していた商店でした。外壁はスクラッチタイル張りで、モダンなアール・デコ様式を取り入れています。

細やかな装飾が美しい照明

旧商店

台東区台東にある五軒長屋の右端には、かつて森永乳業が「マミーショップ」を展開していた当時のバルーン型看板が取り付けられています。壁面に描かれたダイヤの模様もレトロです。

遊園地のようなバルーン

その他エリア

Another Areas

万定フルーツパーラー

国も時代も飛び越える装飾の詰め込み感

レトロなカレーライスのアイコンがお出迎え

Data
東京都文京区
本郷6-17-1
竣工●1928年

ローマの遺跡か、
インドの密寺か

東京大学本郷キャンパスの正門の程近くに、歴史を感じるフルーツパーラーが建っています。大正3年（1914）創業の「万定フルーツパーラー」は果物店として出発、その後、店の果物を使ったフルーツパーラーを始めました。

関東大震災後に改装したという建物は、当時流行していたハイカラな洋風を目指したといいますが、洋風というよりも、蔦のはった様子はアジアの石造寺院や遺跡のような雰囲気さえ漂います。渦巻型の柱の上部やアカンサスの葉が並べられたアーチ、窓下のアール・デコ風の突起など、時代も場所もバラバラ。この国籍不明の建築も、100年を経てすっかり景観になじんでいるのが面白いところです。

1. 細い通りに面して堂々と構えたファサード。
2. 窓を支えるひだ状の突起は、アール・デコ風。
3. 柱頭は古典的な様式にはない、カクカクしたオリジナルの渦巻型。

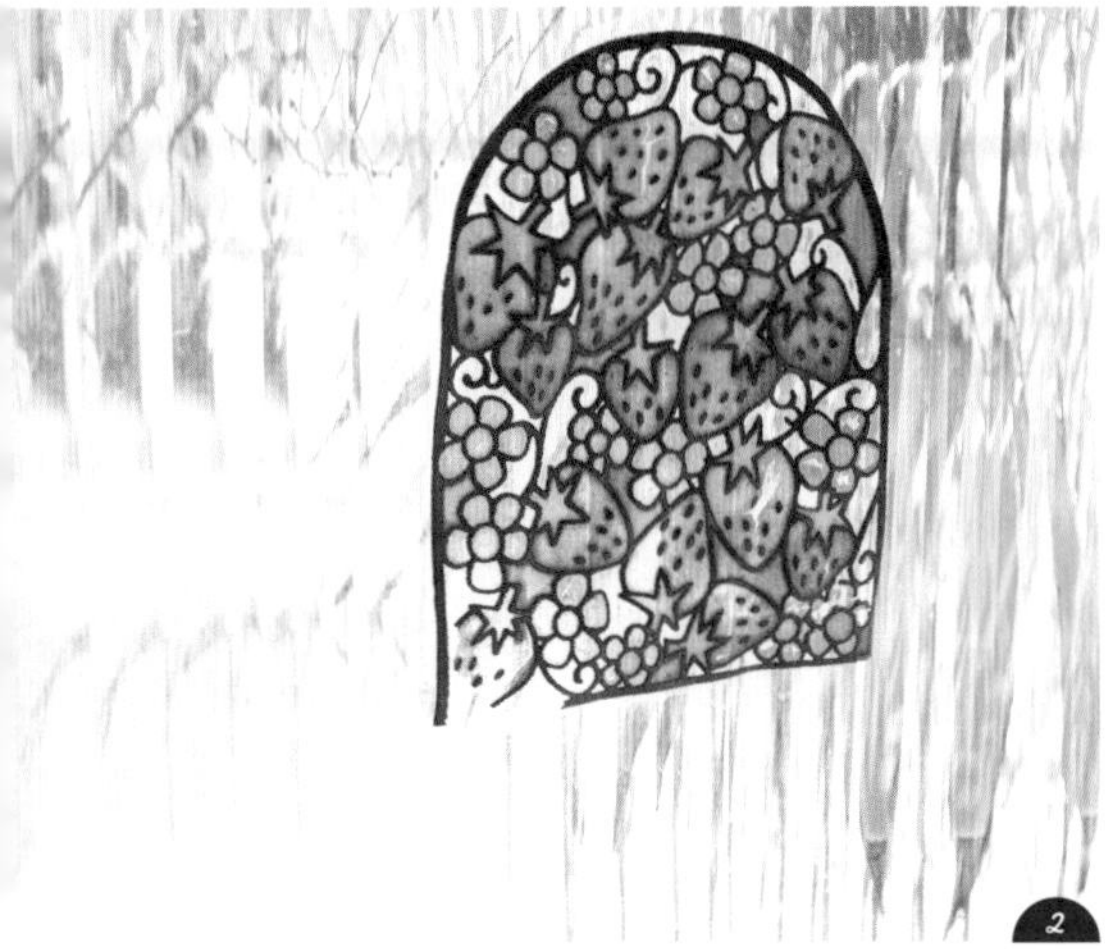

時が止まったような
レトロな店内

使い込まれて年季の入った床に、レトロで温かみのある家具。天井にはシーリングファンが回り、波の型板ガラスからはやさしい日の光が差し込みます。時間がゆっくりと流れるこの空間は、東大生や教授たち、東大病院の見舞い客といった人たちが思い思いの時間を過ごすのには最適で、ついつい長居したくなってしまいます。新しい店には真似できない時間の積み重ねが、居心地の良さを生み出しているのでしょう。

フルーツパーラーですが、店の看板メニューはカレーライス。コクのある深い味わいが人気を呼んでいます。注文が入ってからつくる絞りたての天然ジュースも人気メニュー。季節によって品ぞろえも変わります。

5

軽食から
フレッシュジュースまで

4

6

7

創業当時からの
道具も現役

8

1. シーリングファンが回る天井にも、華麗な模様。 *2.* 窓に貼られたステンドグラス風のシールも絵になる空間。*3.* カウンターには、店主との会話を楽しむ常連客の姿も。 *4.5.* 店内のメニューやオレンジジュースのポスターは15年ほど前に亡くなった現在の店主の旦那さまの手描き。絵を描くことが好きだったという。 *6.* どこか懐かしいメロンフロートやレモンスカッシュでほっと一息。 *7.* 戦後すぐに購入したコーヒーミルも現役。*8.* 昭和9年から使っている年代物のレジスターは必見。

大正庵

瓦でできた窓の庇で和洋折衷の雰囲気

1

西洋と日本が融合した不思議なファサード

Data
東京都青梅市上町329
竣工●大正～昭和初期

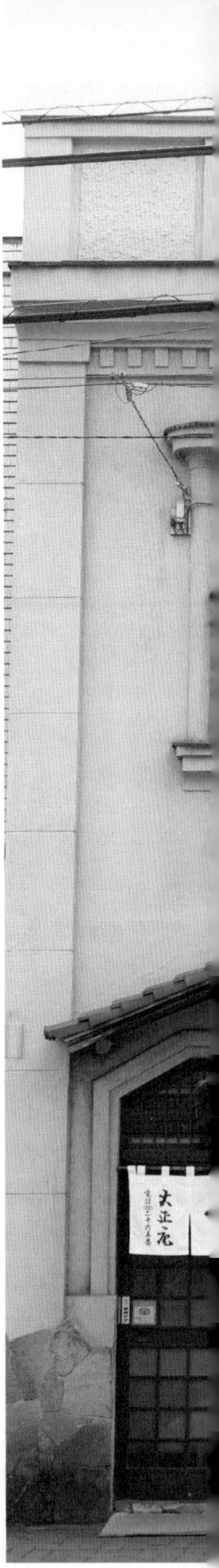

甲州へと抜ける旧青梅街道沿いに、そばの老舗「大正庵」があります。創業は大正元年（1912）。歯ごたえのあるそばと、少し辛味をきかせたつゆ、そしてミカンの皮を乾燥させて粉にし、七味唐辛子を加えてつくられた薬味の爽やかな酸味が特徴的な伝統の味は、初代店主、福田萬次郎から三代目、福田重蔵さんへと受け継がれています。

建物正面はモルタル塗り。2階の窓両端の丸柱やコーニス下の歯型の飾り、アーチ状の入口などは西洋風ですが、入口や窓の上の瓦葺の庇、石垣風の張り石による基壇は純和風で、和洋折衷が試みられています。伝統（和）を守りつつ革新（洋）を取り入れた、というお店の主張なのかもしれません。

100年以上続く老舗そば屋

1.和とも洋とも言い切れないファサード。入口の造形にもうなる。 2.大小の瓦葺きの庇が張り出している。 3.ファサードを楽しんだあとは、コシのある手打ちそばを。

ゲストハウス&カフェ青龍kibako 旧ほていや玩具店

細かくつくりこまれた屋根周りは圧巻

1

Data
東京都青梅市
仲町 303-2
竣工●1926年

実際に外に出られるベランダ

青梅駅から旧青梅街道に出ると、右手に賑やかなファサードの建物が見えてきます。「旧ほていや玩具店」はオーダーメイドの靴屋でした。その後、パチンコ店などいくつかの店を経て、1930年代に玩具店に。開業当初、青梅の子どもたちはみなこのおもちゃ屋さんに買いに来ていたといわれるほど、地元の人々に愛されたお店だったそうです。

木造二階建ての建物正面は銅板張りで、最上部に縦縞の入った重厚なコーニスを回しています。ベランダはクリーム色のモルタルで築かれ、円柱やアーチなどを駆使した洋風のつくり。美しい窓の格子のパターンもそのまま残され、外観にアクセントを与えています。

1. ファサードの雰囲気そのままにゲストハウスとして生まれ変わった玩具店。*2.* 外壁から突き出したベランダの下部は、装飾で縁取られている。*3.* 基壇はクリーム色のモルタル人造石洗出しによって、石のような表情を見せる。

1

2

玩具店の廃業後、現在のオーナーが購入・改装し、ゲストハウス「青龍kibako」をオープンしました。玩具用の棚を撤去し、ベニヤ板の上にオーナー自らの手で漆喰風に塗装。インテリアは大正時代の古時計やアンティーク風ソファーセットなどが、古民家ゲストハウスのコンセプトに沿って集められました。

　奥にはレトロな雰囲気たっぷりの風呂場。唐傘を広げたような数寄屋風の「唐傘天井」が特徴的です。また裏庭には蔵があり、イベントスペースとしての活用を検討中だそうです。

　泊まれる看板建築はめったにありませんから、看板建築好きなら一度は泊まってみたいゲストハウスです。1階のカフェは宿泊客以外も利用できます。

3

4

6

5

当時の原形を留めた
ゲストハウスの館内

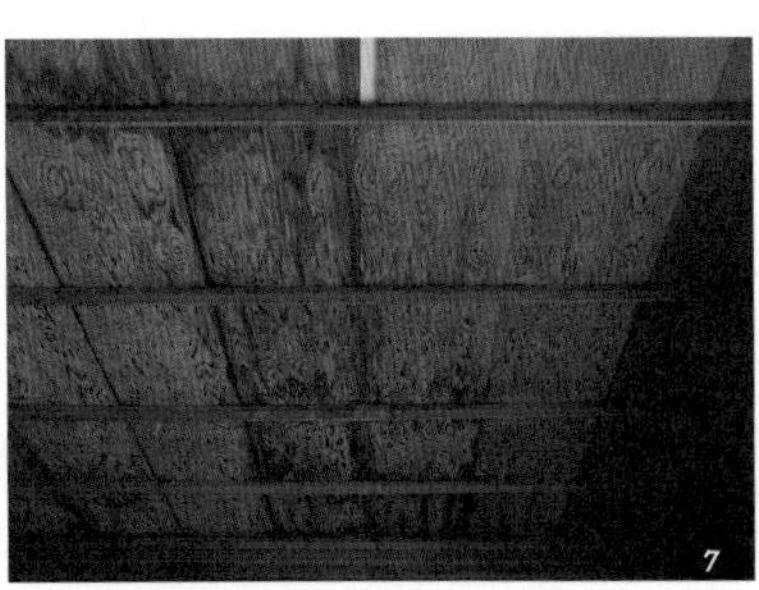

7

途中から幅の変わる階段も珍しい

1.トイレの扉には昭和に流行した結晶模様のガラス。オーナーが改装時につけたもの。2.1階は大幅に改装されているが、手前の円柱は当時の貴重な面影。3.1階のラウンジは大正ロマンな空間。4.唐傘天井は、茶室の屋根に用いられていた様式。銭湯でも見られる。5.風呂場の床は、レトロな小石風のタイル。6.裏には年代物の蔵。夏でも中は涼しい。7.2階は縄文杉を用いた伝統的な竿縁天井。木目が味わい深い。

カットハウスナカザワ

宮殿のバルコニーのような窓

Data
東京都北区
上十条1-9-14
竣工◉大正後期

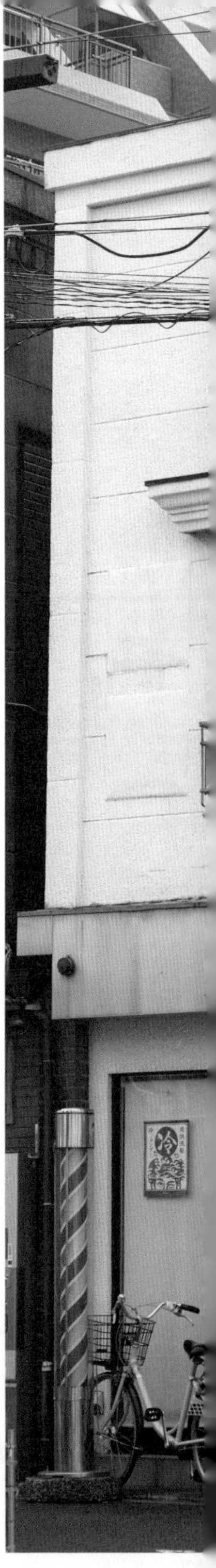

鳥のモチーフが荘厳な雰囲気を演出

JR埼京線十条駅の南口を出ると、大通りの左前方にかわいらしいモルタル塗りの理容店が見えてきます。「カットハウスナカザワ」は戦前からこの地で営業をしていた老舗の理容店。建物自体は大正期につくられ、元は飲食店だったそうです。

角地に面して2つのファサードを通りに向けていますが、見どころは路地側の2階。窓を外壁の奥に送り込んでベランダ空間を生み出し、両脇の円柱の柱頭から緩やかなアーチをかけて西洋風につくりこんでいます。アーチの上にはワシかタカとみられる鳥のレリーフが。昔のお店のシンボルだったのでしょうか。このような「鏝絵《こてえ》」には、左官職人の瑞々しい感性と職人芸が息づいています。

1. 直線と曲線が対照的なファサード。 *2.* 左官職人が鏝でつくり上げた鳥の鏝絵は、表情がどこかユーモラス。 *3.* 隣接して建つ赤い看板建築も軒の高さをそろえている。

コスガ 旧小菅商店

〝王冠〟輝く屋根周りの気品に魅せられて

1

Data
東京都江東区
佐賀1-12-3
竣工●1925年

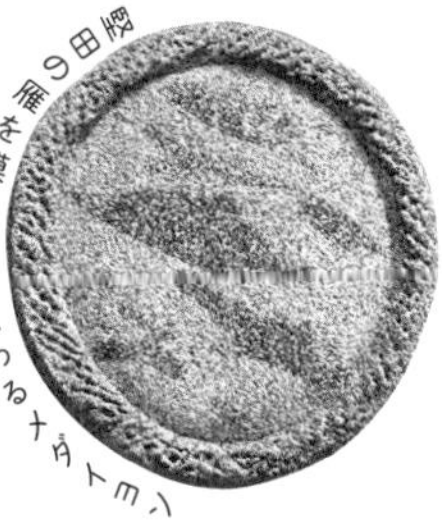

堅田の雁を模したと伝わるメダイヨン

石造風の目地割りが重厚感を演出

江戸時代、佐賀の港に地形が似ていることから名付けられた江東区佐賀町。かつては、米問屋を中心とした食糧倉庫街でした。なかでも旧「小菅商店」は、他の米問屋を仕切る最上位の米問屋だったため、間口が広く堂々とした構えをしています。外壁はモルタルで石の肌理を表現した人造石洗出し仕上げ。王冠にように立ち上がった最上部の破風には黄土色がアクセントカラーに使われ、中央に鎮座する楕円形のメダイヨンは歌川広重の浮世絵「近江八景」のひとつ、「堅田の落雁」がモチーフと伝えられています。

港町だった当時の歴史も感じさせる洒落た佇まいから、人気ドラマのロケ地としてもたびたび登場します。

1. 堂々とした構えのファサード。表情が固くなりすぎないように、シンメトリーが崩されている。 *2.* 側面の小窓は目地割とは無関係の自由な位置に設けられている。 *3.* 1階を覆うツタが外壁にやわらかな影を落とす。

光映社

レトロな看板はまるで映画のセット

中野区の鍋屋横丁を中野駅に向かって歩くと、看板製作などを請負う「光映社」の建物が見えてきます。広い間口に大きな半円形のパラペットをいただくデザインは、昔の映画館か銭湯のような佇まい。敷地に対して道が斜めに横切っているため、道に面したファサードの横幅が広くなっています。

1階は大きな看板で塞がれていますが、もとの木製扉が足元からチラリと覗いています。2階の窓は左右対称ではなく、実用面重視。小さな戸袋のついた横長窓も、住宅というよりは工

1

Data
東京都中野区
中央3-42-6
竣工●大正末〜昭和末期

場のようにも見えます。
またファサードの中心からやや左に、縦に段ができているのも奇妙です。なぜこんな段ができているのか理由はよくわかりませんが、町場の大工や職人たちが勢いよくつくってしまったがゆえに、不完全な部分もあるところもまた、看板建築の面白さなのかもしれません。

宙に浮かぶハシゴも
装飾のよう

1. モルタルに石積み風の目地を設けた間口の広い正面。2階の横長窓の端部には小さな戸袋もついている。 *2.* 庇にはしごをかけると、屋上まで上れるようになっている。 *3.* ファサードの不自然な段。建設の途中でずれてしまったのだろうか。

亀戸香取勝運商店街

現代によみがえる昭和30年代の街並み

香取商店街は江東区最古の香取神社の元境内にあり、門前町として明治の頃から発展しました。一度は下火になった商店街の活性化のため、区の「観光レトロ商店街モデル事業」により景観を一新。電線地中化とともに、既存商店のファサードに看板建築を取り入れた改修を施し、平成23年（２０１１）に亀戸香取勝運商店街が開業しました。

今まで紹介してきた看板建築と異なるのは、この商店街のファサードが戦前のものでも、昔あったものを復元したものでもなく、新しくつくられていると

商店街の両側に7軒ほどの看板建築が並ぶ

Data
東京都江東区
亀戸3-58〜61
竣工●2011年

いうこと。「昭和30年代」というコンセプトを掲げたこの事業は、〝レトロ〟という文脈で、戦前の町屋形式を導入したリヴァイヴァル（復古）、いわば「看板建築・リヴァイヴァル」なのです。裏を返せば、看板建築の街並みがレトロ・テーマパークとして成立するほど、絶滅の危機にあるといえるかもしれません。

1.カラフルなファサードは平成の看板建築ならでは。2.パラペットの形も一軒一軒異なる。3.チェーン展開する大手スーパーも古典建築風の付柱やペディメントを設ける。

商店街のシンボル・
勝矢モチーフの装飾

青森のアンテナショップ

絵文字のような
アイコンがかわいい
袖看板

みそ屋さん

和菓子屋さん

花屋さん

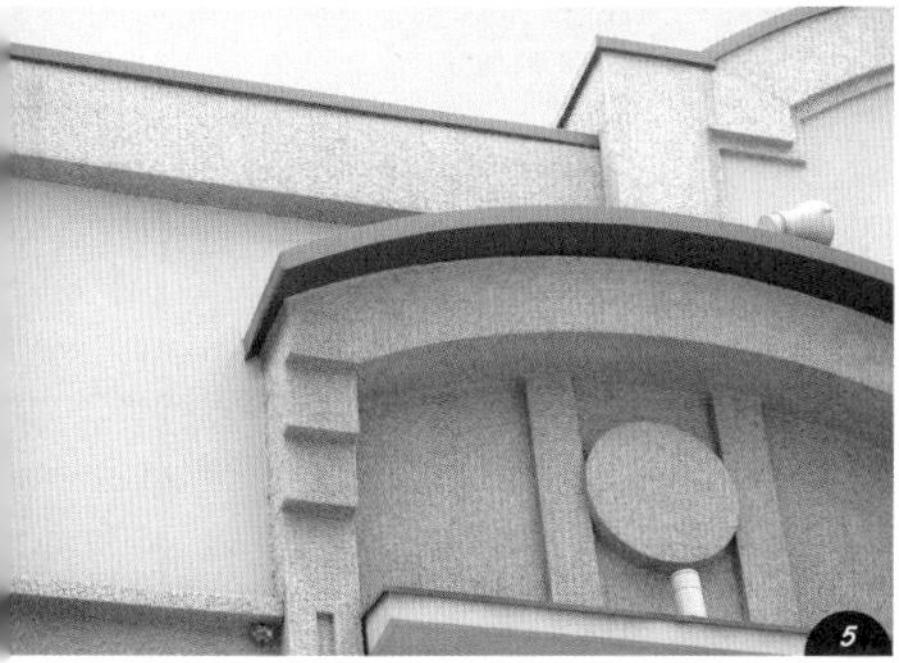

銅板やモルタルの装飾を再現

1. 青森・下北半島の魅力を発信するアンテナショップ「むつ下北」の扉には、ステンドグラス風の勝矢。 *2.* 商店街の拠点「亀戸香取勝運ひろば」の最上部には香取神社に由来する「勝矢」の装飾。 *3.* 籠の網目のような「網代」や波を表す「青海波」といった伝統文様が銅板風に再現されている。 *4.* 関係者のみが使用する管理扉には「麻の葉」模様。この商店街で最も手の込んだ部分かもしれない。 *5.* モルタル風の壁面も、ひと手間かけている。 *6.* 商店街の入り口に店を構える「山長」は建物の一部を銅板張り風に改修し、街並みの統一感を守っている。

並びの楽しみ

看板建築の楽しみ方のひとつに、連続した長屋の並びを楽しむ、というものがあります。そもそも長屋とは、一つの建物に間仕切壁を設け、複数の所有者が所有する建物のこと。一つの建物にも関わらず、増改築などは家主の好きなようにできたので、竣工時は全く同じ店構えでも、時間が経つにつれて外壁の色や素材、ベランダの手すりやサッシ、1階のしつらいなどが徐々に変わっていきます。このコラムでは、多様性の中にも統一感がある並びの楽しい長屋をいくつかご紹介します。

下の写真は、清澄白河駅を出

1

旧東京市営店舗向住宅

ると清澄通りの反対側に見える「旧東京市営店舗向住宅」。頑丈な鉄筋コンクリート造のため、厳密には看板建築ではありません。関東大震災の震災復興で建てられた長屋で、当時流行したアール・デコ様式や、建築家F・L・ライトの影響を受けた装飾が随所にみられます。

2

3

1. 鉄筋コンクリート造の長屋が、清澄通りに沿って約250mにわたって立ち並ぶ姿は圧巻。 *2.* 3階はそれぞれの持ち主が独自に増築したもの。不ぞろいな形が面白い。 *3.* 昔ながらの木製の窓枠が残るピアノ教室。

有名建築家風の柱は見ごたえあり

F・L・ライトが「帝国ホテル」で使用したマヤ遺跡のようなスタイルは、たちまち話題となり、多くの模倣を生み出した。

1

2

3

屋上にのぼれる建物も

外から直接屋上に行けるように、後から階段を取り付けた建物も。子供たちの格好の遊び場だったに違いない。

4

窓周りにも個性的な装飾

窓周りの柱型も特徴的。45度回転させて角が立ったような形状は、アール・デコ風。

1. 窓の両脇に配置された角柱の造形には、近代建築の巨匠F.L.ライトの帝国ホテル（現在、博物館明治村に移築）の影響がみられる。 *2.* 別パターンの角も、控えめなライト風。 *3.* 正面だけピンク色に塗られた柱。長屋群の中でも異彩を放つ。 *4.* 外部階段から屋上に上れる棟も。建物と同じ真っ白の塗装。 *5.* 窓の下部に、昔ながらの型板ガラスがはめられている。 *6.* 窓辺に植物を茂らせた花屋。後から張ったタイルも洒落ている。

近くで見つけた

かわいい看板建築

昔は鳥かごや飼料を扱っていた店。白の壁面に信号カラーの鳥が羽ばたいている。カラフルなカーテンと相まって、かわいさ倍増。

落ち着いたトーンの
乙女的カラーリング

墨田区にたつ三軒長屋。黒、くすみピンク、ベージュと、シックな大人の女性を連想するトーンでまとめられている。山型のパラペットや、突き出した装飾もかわいらしい。

トリコロール？
よく見ると
4色の並び

台東区の四軒長屋。トタン張りのバラックだが、手間から青、白、赤のトリコロールカラーに塗られている。2階の手すりや1階のオーニング（日よけ）も色が合わせられているのがにくい。

近くで見つけた

かわいい看板建築

「焼きたてパン タカヤマ」は、パンを抱えたおじいさんのイラストが目印の老舗パン屋。コーニスに石風の装飾を施し、窓上の庇には青色のスパニッシュ瓦でさわやかな印象。

看板建築探偵のススメ

私が本格的に看板建築を探し歩くようになって約2年後、ブログやTwitterでの活動が出版社の方の目に留まり、本書執筆の依頼を受けました。実に3冊目となる看板建築の書籍で、近年看板建築が再び注目されつつあることを実感しました。

看板建築の面白さはなんといってもファサードの豊かさにあります。ガラスや石で覆われた高層ビルにはない、手作業の温もりや、時間の紡ぎだす味わい、なにより装飾に江戸や明治からの文化が地続きで表れているところに、ロマンを感じます。一軒一軒違った表情があり、積み重ねられた歴史を感じる瞬間は至福のひとときです。

掲載物件の選定には、コツコツと個人で作成した千件以上にも及ぶ看板建築リストが役に立ちました。しかし、東京都内でかつ営業中、さらに紙面を飾る特徴的なものとなると、それほど数が多くありません。また優れた物件でも掲載許可が出ないこともあり、選定にはやや時間がかかりました。それも怪我の功名というもので、一度も書籍や雑誌で紹介されていない建物も複数取り上げることができ、

また所有者の方にお話を伺えたのは、本書の資料的価値をより高めることになったのではないかと思います。

　戦争を生きのびた建物でも、再開発や老朽化などのやむをえない事情によって取り壊されてしまいます。戦前の看板建築はたった今、この瞬間よりも減りはするものの増えることはありません。もし本書に掲載されている建物や店を訪れたいと思ったならば、なるべく早く行動することをおすすめします。そして、ぜひ街の隠れた看板建築を探す「看板建築探偵」になって、その面白さに触れてみてください。いつか消えてなくなってしまう素敵でかわいい看板建築たちが、きっとあなたを待っていることでしょう。

令和二年　宮下潤也

宮下潤也
（みやした・じゅんや）

長野県生まれ。一級建築士。筑波大学芸術専門学群デザイン専攻卒業後、ゼネコンにて建築設計の仕事に従事する傍ら、２０１７年よりイラストレーションの制作を始める。独自の目線で切り込む古今東西の看板建築考察がＳＮＳで話題に。著書に『看板建築図鑑』（大福書林）、『看板建築 昭和の商店と暮らし』（執筆及びイラスト提供、トゥーヴァージンズ）がある。

東京のかわいい看板建築さんぽ

２０２０年２月29日　初版第１刷発行

著者　宮下潤也
発行者　澤井聖一
発行所　株式会社エクスナレッジ
〒１０６-００３２
東京都港区六本木７-２-26
http://www.xknowledge.co.jp/

問い合わせ先
編集
Tel　０３-３４０３-６７９６
Fax　０３-３４０３-０５８２
info@xknowledge.co.jp
販売
Tel　０３-３４０３-１３２１
Fax　０３-３４０３-１８２９